_____ 드림

천연바누
디자인
클래스

천연비누 디자인 클래스

초판 1쇄 발행 2019년 12월 11일
초판 2쇄 발행 2020년 10월 15일

지은이 정수빈

발행인 장상진
발행처 (주)경향비피
등록번호 제2012-000228호
등록일자 2012년 7월 2일

주소 서울시 영등포구 양평동 2가 37-1번지 동아프라임밸리 507-508호
전화 1644-5613 | **팩스** 02) 304-5613

ⓒ 정수빈

ISBN 978-89-6952-368-6 13630

· 값은 표지에 있습니다.
· 파본은 구입하신 서점에서 바꿔드립니다.

천연비누 디자인 클래스

Natural Soap Design Class

· 정수빈 지음 ·

경향BP

PROLOGUE

난이도별로 차근차근
나만의 천연비누를 만들다

지난 15년간 천연비누를 만들었고 수많은 강의를 하면서 '기초부터 차근차근 단계적으로 공부할 수 있는 천연비누 책이 있으면 좋겠다.'라는 생각을 했습니다. 그러던 차에 마침 경향미디어로부터 집필 제안을 받았습니다.

이 책에서는 천연비누를 처음 접하는 초보 숍퍼(soaper)가 책에 실린 43가지 비누 레시피를 따라 만들다 보면 저절로 중급 이상의 실력을 갖출 수 있도록 난이도의 단계별 상승에 신경 써서 구성했습니다. 기본 비누부터 MP비누, 심플 CP비누, 디자인 CP비누까지 구성하여 천연비누의 기초부터 디자인을 입히는 단계까지 배울 수 있습니다. 각 비누 레시피에 제작 난이도를 표기하여 본인의 숙련도에 알맞은 비누를 선택할 수 있도록 했습니다.

천연비누 공예는 단순히 손기술 하나만으로 완성도 높은 결과물을 얻을 수 있는 분야가 아닙니다. 비누 이론을 어느 정도 갖추고, 사용 도구를 다루는 방법, 알맞은 재료 선택법, 효율적인 제작 과정, 색상 배합 등의 지식을 바탕으로 꾸준하게 연습해야 질 좋은 결과물을 얻을 수 있습니다.

이 책에서 소개하는 비누 레시피는 상세한 과정 사진과 친절한 설명으로 누구나 쉽게 따라 할 수 있습니다. 간단한 비누부터 난이도가 높은 디자인 비누까지 자신 있게 만들어보세요. 초보 숍퍼에게는 가까이 두고 참고할 수 있는 가이드북이, 이미 숙련된 숍퍼에게는 새로운 디자인을 개발하는 데 도움이 되는 아이디어 소스북이 되길 바랍니다.

끝으로 제가 이 자리에 설 수 있기까지 많은 도움을 주신 한국아로마테라피강사협회 정선아 협회장님을 비롯한 관계자분들께 그리고 늘 곁에서 믿고 응원해주시는 부모님께 진심으로 감사드립니다.

정수빈

CONTENT

프롤로그 •4

ABOUT 천연비누 •8
비누 만들기 도구 •10
비누 만들기 필수 재료 •13
베이스 오일의 종류와 특징 •14
베이스 오일별 비누화값 •17
비누 만들기 용어 •18
비누 만들기 주의사항 •20
비누 만들기 유용한 팁 •21
CP 비누 레시피 구성 방법 •24

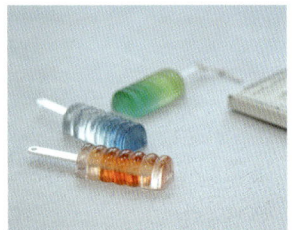

PART 1

누구나
쉽게 만들어
완성!

MP비누

MP비누 만들기 일러두기 •28
MP 베이직 비누 •30
크리스털 허브 비누 •34
안티버그 스틱 •38
테라조 비누 •42
쿨 멘톨 비누 •46
해변 비누 •50
가을 낙엽 비누 •54
겨울 눈꽃 비누 •58
보석 비누 •62
마카롱 비누 •66

PART 2
피부에 좋은 식물성 오일로 완성!
심플 CP비누

- CP비누 만들기 일러두기 • 72
- CP 베이직 비누 • 74
- 메리골드 마르세유 비누 • 78
- 비타민E 샤워 바 • 82
- **TIP** 아나토시드 인퓨즈드 오일 만들기 • 86
- 카스틸 비누 1(엑스트라 버진 코코넛 오일 100%) • 88
- 카스틸 비누 2(동백 오일 100%) • 92
- 클레이 큐브 비누 • 96
- 히말라야 핑크 솔트 비누 • 101
- 천연 주방 비누 • 106
- 천연 세탁 비누 • 110

PART 3
좀더 유니크하게 완성!
디자인 CP비누

- 3단층 레이어드 비누 • 116
- 오너먼트 퍼퓸 비누 • 121
- 골드 마블 숯 비누 • 126
- 해피 크리스마스 비누 • 130
- 스파이럴 비누 • 135
- 상면 드로잉 비누 • 140
- 산양유 파우더 비누 • 145
- 대리석 비누 • 150
- 내추럴 도트 비누 • 155
- 2컬러 웨이브 비누 • 160
- 스트레이트 라인 비누 • 165
- 서머 비치 비누 • 170
- 워터드롭 비누 • 176
- 4컬러 레이어드 비누 • 181
- 링 마블 비누 • 186
- 피코크 마블 비누 • 191
- 실린더 서클 비누 • 196
- 사막의 선인장 비누 • 201
- 미니언즈 캐릭터 비누 • 206
- 오블리크 웨이브 비누 • 211
- 토네이도 비누 • 216
- 타피오카 밀크티 비누 • 221
- 별이 빛나는 밤 비누 • 226
- 컵케이크 비누 • 231
- **TIP** 짤주머니에 깍지 끼우기 • 238

부록 천연비누 만들기 심화 이론 • 239

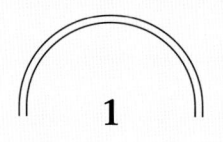

1
ABOUT 천연비누

천연비누의 특징

천연비누는 시중에서 판매되는 일반비누와 달리 순수한 오일과 가성소다 수용액을 섞어 비누화 과정을 거쳐 완성하는 비누를 말합니다. 비누 제조 시 생성되는 글리세린으로 인해 세안 후 당김 현상이 적고 피부 보호막을 형성해 피부를 촉촉하고 부드럽게 합니다.

또한 허브나 꽃에서 추출한 천연 에센셜 오일을 첨가하면 부가적인 기능도 기대할 수 있습니다. 무엇보다도 여러 가지 오일 중 원하는 오일을 선택하여 각자 피부 타입에 맞는 비누를 만들 수 있다는 것이 가장 큰 장점입니다.

천연비누와 일반비누의 차이점

시중에서 판매되는 일반비누는 거품, 단단함, 향을 지속적으로 유지하기 위해 합성방부제, 경화제, 인공향료 등 여러 화학물질이 첨가되어 제작됩니다. 이러한 화학물질들은 피부에 자극을 주어 트러블을 일으키는 원인이 되기도 합니다. 특히 세정력을 높이기 위해 첨가되는 합성계면활성제는 피부의 보호막을 약화시킵니다. 게다가 빠른 시간 안에 대량으로 제작하기 위해 비누 제조 시 얻을 수 있는 글리세린을 제거한 후 작업하기 때문에 자칫 피부 당김과 가려움을 유발시킬 수 있습니다.

천연비누는 무엇보다도 사용감이 무척 부드럽고 촉촉합니다. 이는 일반비누와는 다르게 비누에서 자연적으로 생성되는 글리세린이 피부 보호제 역할을 하기 때문입니다. 여러 가지 오일 중 원하는 오일을 선택하여 각자 피부 타입에 맞는 맞춤형 비누를 만들 수 있습니다.

천연비누의 종류

- **MP비누** : MP는 'Melt & Pour'의 약자로 '녹여서 붓다'라는 의미입니다. 비누 만드는 방법이 가장 간단하고 위험성이 적기 때문에 아이와 함께 만들 수도 있으며 완성 후 바로 사용이 가능하고 컬러와 모양이 다양한 비누를 만들 수 있다는 특징이 있습니다. MP비누의 주재료인 비누 베이스는 공장에서 생산되므로 CP비누나 HP비누만큼 천연에 가깝다고 보기는 어렵습니다. 비누 베이스를 녹여 만드는 과정에 좋은 성분을 첨가한다고 하여 CP비누나 HP비누처럼 천연성분 비율이 높은 비누를 만들 수 있는 것은 아닙니다.

- **CP비누** : CP는 'Cold Process'의 약자로 저온법 비누라고도 합니다. 일반적으로 천연비누라 하면 저온법으로 만들어진 'CP비누'를 말합니다. 기능성 비누를 만들 때 가장 일반적으로 사용하는 방법으로 시중에서 판매되는 일반비누와 달리 순수한 오일과 가성소다 수용액을 섞어 비누화 과정을 통해 완성하는 비누를 말합니다. CP비누를 사용하기까지는 4~6주의 시간이 필요합니다. 이 기간을 건조기간이라고 합니다. 원하는 첨가물과 에센셜 오일을 넣어 자신의 피부 타입에 맞는 비누를 만들 수 있습니다.

- **HP비누** : HP는 'Hot Process'의 약자로 투명 비누 혹은 글리세린 비누라고 합니다. HP비누는 중탕법과 비중탕법이 있으며 고온으로 만들기 때문에 완성 2주 후부터 사용이 가능합니다.

- **물비누** : CP비누의 액체 형태로 오일과 가성가리(수산화칼륨, KOH)를 반응시켜 주로 샴푸, 보디클렌저 등을 만들 때 쓰이는 방법입니다. 페이스트(반고체 상태)로 만들어 2주 후부터 희석하여 사용합니다. 구연산을 첨가하여 pH를 조절한 후 사용합니다.

- **리배칭 비누** : 리배칭(Rebatching)은 비누를 재활용하는 방법 중 하나로 자투리 비누를 한데 모아 만드는 비누입니다. 완성된 CP비누가 마음에 들지 않거나 비누를 트리밍하고 남은 비누를 활용할 수 있습니다. 다시 한 번 열을 가하기 때문에 완성된 비누가 부드럽고 순하며 완성 후 바로 사용 가능합니다.

비누화 과정

비누는 레시피가 같아도 비누를 만들 때의 기온이나 습도, 보온 상태에 따라 변수가 많아 그에 따른 완성품도 조금씩 달라질 수 있습니다.

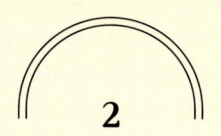

2
비누 만들기 도구

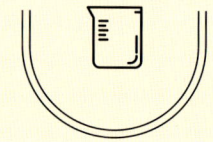

천연화장품 만들기 도구와 달리 비누 만들기에 사용하는 도구나 몰드는 별도로 소독하지 않아도 됩니다.
깨끗하게 닦은 후 사용하는 것만으로도 충분합니다.

가열기구

재료를 가열할 때 필요한 도구입니다. 핫플레이트, IH인덕션 등이 있으며 열을 빠르게 전달하는 IH인덕션이 편리합니다.

핸드 블렌더

오일과 가성소다 수용액을 골고루 섞기 위해 사용합니다. 1~2단계의 세기만 있는 강력한 핸드 블렌더보다는 여러 단계의 세기가 있는 핸드 블렌더가 편리합니다. 하단부는 가성소다와 반응하지 않는 스테인리스 재질로 된 것이 좋습니다. 핸드 블렌더는 오일과 가성소다 수용액을 골고루 섞는 정도로만 사용하는 게 좋습니다. 지나친 사용은 비누의 과보온 및 과트레이스를 유발합니다.

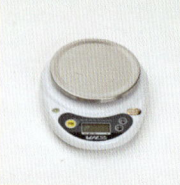

전자저울

재료를 계량할 때 필요한 도구이며 최소 계량단위는 1g이 적당합니다. 눈금식 저울은 정확한 계량이 어려우므로 디지털 방식의 전자저울을 사용하는 것이 좋습니다.

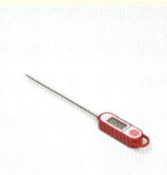

디지털 온도계

재료의 온도를 체크할 때 사용하며 유리 온도계보다 디지털 온도계가 더 정확하고 안전합니다. 유리 온도계를 사용할 경우 재료를 젓는 용도로 사용하면 파손될 우려가 있으니 온도계로 젓지 않아야 합니다.

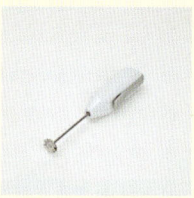

미니 블렌더

분말을 소량의 오일이나 비누액에 섞을 때 사용하면 분말이 덩어리지지 않고 잘 풀립니다. 소량의 비누액에 트레이스가 약간 부족할 때 사용하기도 합니다. 톱니 모양으로 된 것이 기포 발생이 적습니다.

스크류 용기
(폴리프로필렌 재질)

정제수와 가성소다를 섞어 가성소다 수용액을 만들 때 사용합니다. 뚜껑을 돌려 닫을 수 있는 제품이 좋습니다. 1kg의 비누를 만들 때 스크류 용기의 용량은 1L 정도가 적당합니다.

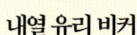

내열 유리 비커

'파이렉스'라고 불리는 유리 용기입니다. 스테인리스 비커와 같이 MP비누 베이스를 녹일 때 주로 사용합니다.

스테인리스 비커

재료를 섞거나 직접 가열하기 위해 사용하며 가성소다와 반응하지 않으므로 비누 만들기에 적합합니다. 완성할 비누 양의 2배 정도 되는 용량의 스테인리스 비커를 사용하는 것이 좋습니다. 가성소다를 계량할 때 플라스틱 재질과 달리 정전기가 발생하지 않아 편리합니다.

플라스틱 비커

환경을 위해 일회용 종이컵 대신 플라스틱 비커를 사용합니다. 주로 비누액을 원하는 용량으로 나눌 때 필요합니다. 내화학성이 좋은 재질로 된 제품을 사용해야 하며 폴리카보네이트(PC) 재질은 사용하지 않도록 합니다.

뾰족한 튜브 용기

디자인 비누를 만들 때 사용하는 도구입니다. 용기 안에 일회용 비닐백을 넣고 그 안에 비누액을 넣어 사용하면 닦아내야 하는 번거로움을 줄일 수 있습니다.

실리콘 주걱

재료들을 골고루 섞을 때 사용합니다. 실리콘 몰드에 비누액을 넣을 때에도 깔끔하게 긁어 넣을 수 있습니다. 몸통과 앞부분이 분리되는 제품보다는 일체형이 사용 및 세척이 편리합니다.

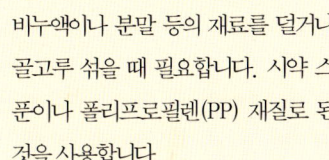

스푼

비누액이나 분말 등의 재료를 덜거나 골고루 섞을 때 필요합니다. 시약 스푼이나 폴리프로필렌(PP) 재질로 된 것을 사용합니다.

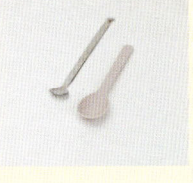

채

가성소다 수용액에 간혹 이물질이 있을 수 있는데 이때 채로 걸러 사용합니다.

미니 인퓨저

마이카(색소)를 비누에 골고루 뿌릴 때 사용합니다. 마이카용 스프레이를 사용할 때보다 두껍게 뿌려집니다.

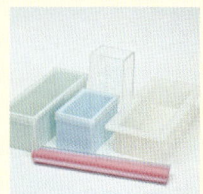
비누 몰드

비누액을 담아서 굳힐 때 사용합니다. 주로 실리콘으로 된 재질을 많이 사용하며 아크릴, 나무로 된 몰드를 사용하기도 합니다. 속비누용 몰드, 다구 몰드, 대용량 몰드 등 종류가 다양합니다.

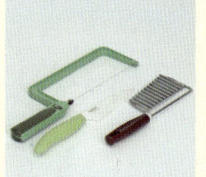
비누 커팅용 칼

비누를 자를 때 사용합니다. MP비누는 주방용 칼을 사용하며, CP비누는 주방용 칼이나 와이어를 끼운 제품을 사용하면 비누 단면에 스크래치 없이 깔끔하게 잘립니다. 웨이브가 있는 칼을 사용하면 독특한 모양으로 자를 수 있습니다.

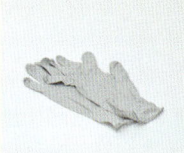
니트릴 장갑

가성소다나 가성소다 수용액, 비누액 등이 손에 묻지 않도록 비누 작업이 끝날 때까지 착용합니다. 그 외에 마스크, 보호안경 등을 추가로 착용하면 더욱 안전하게 비누를 만들 수 있습니다.

모서리 대패

비누의 모서리 부분을 깔끔하게 정리할 수 있는 도구입니다. 모서리를 정리한 비누는 모서리 부분이 날카롭지 않아 사용이 편리합니다. 나무 재질로 된 대패가 비누 단면에 스크래치를 내지 않습니다.

앞치마

비누를 만들 때 오일, 비누액, 기타 재료가 옷에 튀는 것을 막을 수 있습니다.

비누 스탬프

완성된 비누를 커팅한 후 비누를 좀 더 멋지게 꾸며줍니다. 찍히는 부분이 아크릴, 실리콘, 고무로 된 재질이 있습니다.

스티로폼 박스 (보온용)

몰드에 비누액을 넣은 후 보온할 때 사용합니다. 스티로폼 박스가 없으면 수건이나 무릎담요 등을 덮어 비누액이 빠르게 식지 않도록 합니다. 무더운 여름에는 몰드째 실온에 방치하거나 스티로폼 박스의 뚜껑을 조금 열어두어 온도를 조절해야 합니다.

pH테스트페이퍼

완성된 비누의 pH수치를 확인할 때 사용합니다. 건조기간이 끝난 비누의 pH값은 7.5~8.5가 적당합니다.

비누 커터기

완성된 비누를 일정한 사이즈로 커팅할 때 사용합니다. 나무, 아크릴 등 다양한 재질의 커터기가 있습니다.

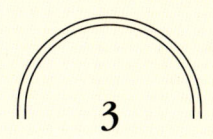

3
비누 만들기 필수 재료

비누를 만들 때 없어서는 안 되는 재료입니다.
선택 재료는 생략해도 비누를 완성할 수 있지만 필수 재료는 하나라도 없으면 비누를 완성할 수 없습니다.

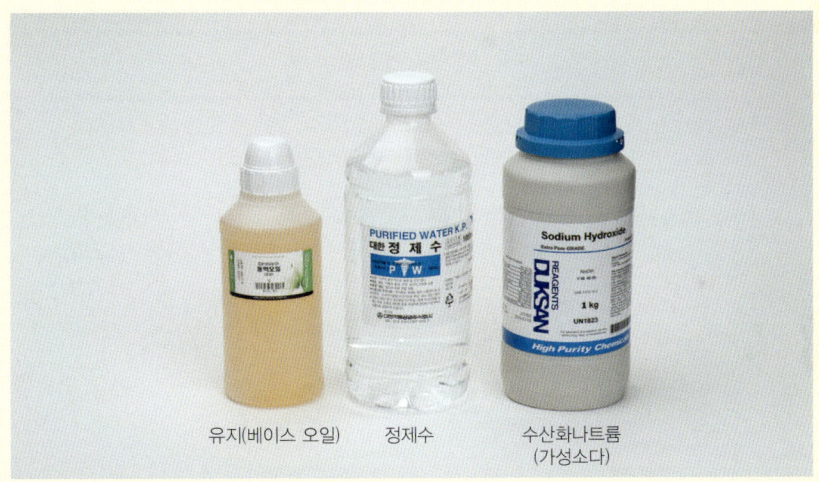

유지(베이스 오일)   정제수   수산화나트륨
(가성소다)

유지(베이스 오일)

가성소다와 반응시켜 비누를 만드는 재료이며 오일 선택에 따라 다양한 기능의 비누를 만들 수 있습니다. 코코넛 오일, 팜 오일, 올리브 오일, 인퓨즈드 오일 등 비누에 첨가 가능한 모든 베이스 오일을 말합니다.

정제수

가성소다를 녹이는 용도이며 첨가되는 양에 따라 비누의 무르기와 단단함을 조절할 수 있습니다. 증류수, 정수기물, 생수, 플로럴워터, 커피원액, 산양유, 알코올류(와인, 막걸리) 등을 사용하며 수상층에 해당하는 재료입니다. 수돗물, 식염수는 비누 만들기에 적합하지 않습니다.

수산화나트륨(가성소다)

가성소다($NaOH$)를 말하며 오일과 반응하여 비누를 만드는 재료입니다. 강알칼리성이므로 다른 물질을 부식시킬 수 있으니 취급에 주의해야 합니다. 가성소다의 유통기한은 2년으로 표기되어 있지만 개봉하지 않은 상태라면 유통기한이 지나도 사용할 수 있습니다.

순도가 높은 것을 선택하는 것이 좋습니다. 이 책에서는 98% 순도의 가성소다를 사용했습니다. 가성소다 수용액을 만들 때 정제수의 80% 정도 얼음을 넣고 녹이면 가성소다 수용액의 온도가 빨리 떨어지게 되어 비누 만들기 전 준비 과정 시간을 줄이는 데 도움이 됩니다. 비누를 만들 때 가성소다 수용액의 온도가 30~40℃라면 문제없습니다.

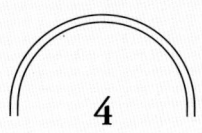

4
베이스 오일의 종류와 특징

종류	특징
코코넛	• 세정력을 높이고 풍부한 거품이 특징이며 비누 만들기에서 가장 많이 사용하는 오일입니다. • 비누를 단단하게 하며 낮은 온도에서는 고체이고 26℃ 이상에서는 액체 상태입니다.
팜	• 코코넛 다음으로 비누 만들기에 많이 사용하는 오일입니다. • 포화지방산이 많고 비누화 반응을 촉진시키며 조밀한 거품을 생성하고 비누를 단단하게 합니다.
녹차씨	• 피부에 잘 스며들어 보습과 촉촉함을 유지하며 피부 진정 효과가 있습니다. • 토코페롤과 아미노산을 다량 함유하고 있습니다.
님	• 마늘 또는 유황냄새 같은 독특한 향이 특징입니다. • 비타민E, 아미노산의 함유량이 높으며 아토피 피부나 여드름에도 좋습니다.
달맞이꽃	• 필수 지방산과 감마리놀렌산(오메가6 지방산)을 많이 함유하고 있어서 보습 효과가 뛰어납니다. • 건조한 피부나 아토피 피부에도 좋습니다. • 산화하기 쉬우므로 비타민E가 함유된 윗점 오일과 함께 사용하면 좋습니다.
동백	• 피부를 진정시키는 효과가 있으며 탈모 예방 및 모발에도 좋습니다. • 피부를 정돈하는 수렴 작용, 건조한 피부를 위한 진정 기능이 있어서 화장품 및 헤어 제품에 사용됩니다.
라드	• 돼지의 지방을 정제 또는 녹여서 만든 흰색(또는 미색)의 크림 타입 반고체 지방입니다. • 비누를 만들 때 주로 사용되며, 부드러운 사용감의 비누를 만들 수 있습니다.
마카다미아 너트	• 쉽게 산화하지 않는 특징이 있어 폭넓게 이용되는 오일입니다. • 피부를 유연하게 하고 노화를 방지하며 호호바 오일과 성분이 유사해 대체 오일로도 사용됩니다.
미강	• 비타민E, 미네랄이 풍부하고 보습에 좋습니다. • 비누에 첨가했을 때 트레이스가 빨리 진행되는 특징이 있습니다.
블랙세서미	• 비타민과 미네랄을 풍부하게 함유하고 있습니다. • 산화 안정성이 높고 대사 기능을 촉진하는 작용을 하므로 마사지에 많이 쓰입니다.
살구씨	• 비타민과 미네랄 함유량이 풍부하며, 뛰어난 침투력으로 피로한 피부를 회복시켜 윤기 있게 만듭니다. • 모든 피부에 잘 맞는 오일이며 노화한 피부, 건성 피부, 민감한 피부 등을 관리하는 데 좋습니다.

종류	특징
스위트아몬드	• 단백질을 다량 함유하고 있어 피부를 부드럽게 합니다. • 비타민D, 비타민E, 미네랄 등을 함유하고 있어서 피부의 가려움을 억제합니다. • 건성 피부, 모발 관리에 효과적이고, 보습 작용을 하며, 지친 피부를 회복시키는 데 좋습니다.
시어버터	• 단백질이 풍부하며 보습과 피부유연 효과가 있습니다. • 비누에 첨가했을 때 부드럽고 풍부한 거품을 생성합니다. • 버터류는 열에 약하므로 저온에서 서서히 녹이는 것이 좋습니다.
아보카도	• 각질이나 지방층이 두꺼운 피부에도 잘 스며들어 피부를 부드럽게 합니다. • 건조한 피부, 아토피 피부, 노화 예방, 탈수 현상 완화, 습진에 좋습니다.
옥수수배아	• 비타민E를 다량 함유하고 있으며 산화안정성이 높은 오일입니다. • 항산화 작용으로 피부 수분 증발을 지연시켜 피부 건조를 막아 노화 예방에 좋습니다.
올리브	• 비타민A, 비타민D, 비타민E를 함유하고 있어 침투성이 좋고 피부를 유연하게 하여 건성 피부에 좋습니다. • 염증과 가려움증을 억제하고 모발 관리, 피부 진정, 보습, 살균력이 뛰어납니다. • 엑스트라버진, 퓨어, 포마스 등급이 있으며 비누에는 어느 등급을 사용해도 무방합니다.
월계수	• 진한 녹색의 오일로 월계수 특유의 신선한 향이 풍부합니다. • 피부미용을 위한 비누뿐만 아니라, 특히 모발과 두피를 위한 비누를 만들 때 많이 사용됩니다.
월넛	• 호두에서 추출한 오일로 오메가3의 함유로 세포 손상을 저해하여 탈모 예방에 도움을 줍니다. • 다양한 영양성분을 함유하고 항산화 기능으로 노화로 인한 주름 완화에도 좋으며 약간 무거운 오일입니다.
윗점	• 비타민A, 비타민B가 풍부하며 보습, 노화 예방, 피부 탄력에 좋습니다. • 비타민E의 항산화 특성 때문에 다른 베이스 오일과 함께 사용하면 산화를 방지할 수 있습니다.
카놀라	• 보습 기능이 뛰어나고 피부 친화력이 높습니다. • 트레이스가 잘 나지 않는 오일이므로 코코넛, 팜과 함께 사용하는 것이 좋습니다. • 지방산 구성이 올리브 오일과 유사하여 올리브 오일 대체 오일로 사용합니다.
캐롯시드	• 케로틴, 비타민A, 비타민C를 함유하고 있는 것이 특징입니다. • 건조한 피부, 습진에 좋으며 피부에 활력을 주고 노화 방지에도 좋은 영양가 높은 오일입니다.
코코아버터	• 코코아 원두에서 압착하여 얻어지며 보존성이 뛰어납니다. • 피부에 막을 형성하여 수분증발을 막아 피부를 부드럽고 촉촉하게 하는 데 도움을 줍니다.
코튼시드	• 목화 씨앗에서 추출한 오일이며 끈적임이 없고 산뜻해 모든 피부에 사용할 수 있습니다. • 불포화지방산과 섬유질이 풍부하여 민감한 피부나 건조한 피부에 좋으며, 피부 수렴 효능이 있습니다. • 영양공급 효과가 좋아 피부 노화를 예방하며 주름진 피부에 사용하면 피부 탄력 증진에 좋습니다.
콩	• 비누 만들 때 사용되며 마사지 오일로도 사용됩니다. • 지성 피부용 비누에 많이 첨가하며 비누의 거품이 끊이지 않도록 하는 중속거품의 역할을 합니다.
포도씨	• 비타민E, 리놀레산을 함유하고 있고 피부 자극이 거의 없어 여드름이 많은 지성 피부에 사용하면 좋습니다. • 리놀레산을 함유하고 있어 비누에 많이 첨가할 경우 여름철에 비누가 쉽게 끈적해질 수 있습니다.
피마자	• 점도가 높은 오일이며 투명 비누를 만들 때 투명도를 높이는 역할을 합니다. • 거품이 잘 나고 촉촉하며 피부를 부드럽고 유연하게 만드는 데 좋습니다.

종류	특징
해바라기씨	• 모든 타입의 피부에 적당하고 피부를 편안하게 해주는 역할을 합니다. • 비누 만들 때 많이 넣으면 트레이스까지 시간이 오래 걸리며, 단단히 굳는 데도 오랜 시간이 걸립니다. • 리놀레산을 함유하고 있어 비누에 많이 첨가할 경우 여름철에 비누가 쉽게 끈적해질 수 있습니다.
햄프시드	• 생선 오일을 제외하고 유일하게 오메가3(리놀렌산), 오메가6(리놀레산)을 공급하는 오일입니다. • 비타민E, 스테롤이 함유되어 있으며 보습력이 필요한 건조하고 거친 피부에 사용하기에 좋습니다. • 보관기간이 상당히 짧은 오일입니다.(6개월 이내)
헤이즐넛	• 피부에 침투가 빠르고 보습 효과가 뛰어나며 수렴 작용으로 넓어진 모공을 수축시키는 데 효과적입니다. • 지성 피부, 여드름이나 트러블이 생기는 피부에 좋습니다.
홍화씨	• 비타민과 미네랄이 풍부하며 모발을 강화하고 탈모 예방에 도움을 줍니다. • 피부를 약간 건조시키는 성질이 있기 때문에 아보카도 등의 오일과 혼합해서 사용하면 좋습니다.

비누를 사용하는 가장 큰 목적은 피부를 깨끗하게 세정하기 위해서입니다. 비누를 만들 때 여러 가지 좋은 성분과 특징을 갖고 있는 베이스 오일을 첨가한다고 해서 비누가 특별한 효능이나 효과를 갖는 것은 아닙니다. 비누는 피부를 청결하게 하는 데 도움을 줄 뿐이며, 치료 목적으로 사용하는 경우 기대하는 결과를 얻을 수 없습니다.

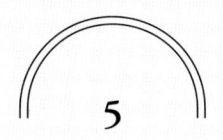

5
베이스 오일별 비누화값

베이스 오일별 비누화값

비누화값이란?

지방산 유지(베이스 오일) 1g을 비누로 만드는 데 필요한 가성소다(수산화나트륨, NaOH) 또는 가성가리(수산화칼륨, KOH)의 양을 g으로 표기한 값입니다. 이는 자료마다 약간의 수치 차이가 있을 수 있습니다. CP비누(고체비누)를 만들 때에는 가성소다값을, 액체비누를 만들 때에는 가성가리값을 계산하여 사용합니다. 허브를 오일에 담가 지용성 성분을 우려낸 인퓨즈드 오일의 경우는 사용한 베이스 오일의 비누화값으로 계산합니다. 버블뱅크 비누 계산기 어플리케이션을 이용하면 비누화값을 편리하게 계산할 수 있습니다.

비누화값 계산

가성소다의 비누화값에 1.4를 곱한 값이 물비누를 만드는 가성가리의 비누화값입니다.
오일 양 × 비누화값 = 가성소다 및 가성가리 필요량

오일	가성소다값	가성가리값	오일	가성소다값	가성가리값
코코넛	0.190	0.266	올리브	0.134	0.188
팜(레드팜)	0.141	0.197	월계수	0.155	0.217
녹차씨	0.137	0.192	월넛	0.135	0.189
님	0.139	0.195	윗점	0.131	0.183
달맞이꽃	0.136	0.190	카놀라	0.124	0.174
동백	0.136	0.190	캐롯시드	0.134	0.188
라드	0.138	0.193	코코아버터	0.137	0.192
마카다미아 너트	0.139	0.195	코튼시드	0.138	0.193
미강	0.128	0.179	콩	0.135	0.189
블랙세사미	0.133	0.186	포도씨	0.126	0.176
살구씨	0.135	0.189	피마자	0.128	0.179
스위트아몬드	0.136	0.190	해바라기씨	0.134	0.188
시어버터	0.128	0.179	햄프시드	0.134	0.188
아보카도	0.133	0.186	헤이즐넛	0.135	0.189
옥수수배아	0.136	0.190	홍화씨	0.136	0.190

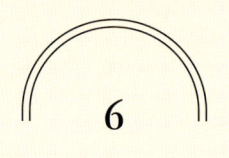

6
비누 만들기 용어

비누화값

지방산 유지(베이스 오일) 1g을 비누로 만드는 데 필요한 가성소다 또는 가성가리의 양을 g으로 표기한 값입니다. 가성소다의 비누화값에 1.4를 곱한 값이 물비누를 만드는 가성가리의 비누화값입니다. 비누화값은 자료마다 약간의 수치 차이가 있을 수 있습니다.

교반

베이스 오일에 가성소다 수용액을 넣고 골고루 섞는 과정입니다. 비누를 만들 때 가장 중요한 과정 중 하나이며 이 과정이 제대로 이루어지지 않으면 비누 만들기를 실패하는 원인이 될 수 있습니다.

트레이스

'자국', '흔적'이라는 뜻으로 오일과 가성소다 수용액이 반응하여 비누액이 걸쭉해지며 자국이 생기는 시점을 말합니다. 비누액이 스프 정도의 점도가 되면 실리콘 주걱으로 비누액을 묻히고 들어 올렸을 때 비누액 위에 자국이 보이면 트레이스 상태로 봅니다. 트레이스를 내는 시간은 비누를 만드는 환경, 비누액의 온도, 사용한 재료 등에 따라 달라질 수 있습니다. 코코넛, 팜, 피마자, 미강 등은 트레이스가 빠른 오일이며 올리브, 카놀라 등은 트레이스 상태가 느린 오일입니다.

트레이스 단계

1단계 : 비누액을 떨어뜨렸을 때 가는 선이 금방 사라집니다.

2단계 : 가는 선이 잠시 보인 후 서서히 사라집니다.

3단계 : 굵은 선이 생기고 잠시 후 선이 가늘어진 채로 유지하고 있습니다.

4단계 : 굵은 선이 생기고 선이 그대로 유지하고 있습니다.

5단계 : 스푼으로 떠 넣을 수 있을 정도의 점도입니다.

디스카운트

가성소다를 비누화값에 따라 계산하여 가성소다의 양을 줄이는 것을 말합니다. 비누화하지 않은 오일을 남겨 보습력을 높이기 위해 디스카운트를 합니다. 일반적으로 가성소다 용량의 5% 이하로 디스카운트하며 계절과 피부 타입에 따라 원하는 수치로 조절할 수 있습니다. 단, 지나친 디스카운트는 비누의 유효기간이 짧아질 수 있습니다. 레시피 구성에 포화지방산이 50% 이하인 경우는 디스카운트를 추천하지 않습니다. 이 책에서는 디스카운트를 하지 않고 가성소다의 순도 98%에 대해서도 계산하였습니다.

슈퍼팻

CP비누를 만들 때 트레이스가 난 이후에 오일을 첨가하는 것을 의미합니다. 고가의 오일이나 비누화하지 않고 남기고 싶은 오일을 첨가물 형태로 넣어 비누를 순하게 만들고 보습력을 높일 수 있습니다. 디스카운트처럼 산패가 빨라질 수 있으므로 총 오일 양의 3% 이하가 적당합니다.

보온

비누를 완성하기 위해서는 비누화 반응이 안정적으로 이루어지도록 온도를 유지해줄 필요가 있습니다. 보통 1kg 용량의 비누를 가장 많이 만들며, 비누의 양이 적을수록 보온에 조금 더 신경 써야 합니다. 반대로 양이 많을수록 비누 몰드의 뚜껑을 열어 열을 식히는 방법 등으로 보온을 컨트롤해야 하는 경우도 있습니다. 보온고나 스티로폼박스 안의 온도는 30℃를 유지하면 적절합니다.

젤화

보온 과정에서 일어나는 반응으로 비누화 반응이 활발하게 이루어지면서 열로 인해 비누액이 투명한 젤 형태를 띠는 것을 말합니다. 특히 비누액의 트레이스 상태가 과하거나 보온 시 온도가 많이 높은 경우에 빈번하게 발생합니다. 오일과 가성소다 수용액을 섞을 때 각각의 온도가 높은 경우와 핸드 블렌더를 지나치게 사용한 경우에 발생합니다. 산패가 빠르고 비누 안의 글리세린이 과다하게 배출되는 단점이 있습니다. 디자인 비누는 대부분 젤화를 일으키지 않는 것을 선호합니다.

건조

저온가공법(CP비누)으로 만든 비누는 보온한 후 커팅하여 건조합니다. 직사광선을 피하여 서늘하고 통풍이 잘되는 곳에서 최소한 3주 이상 건조합니다. 충분히 건조된 비누는 진공포장을 해두면 오랜 시간 동안 깔끔한 상태로 보관할 수 있습니다.

소다회

보온을 마치고 난 후 비누 윗면에 하얗게 덮이는 것을 말합니다. 단지 외관상 좋지 않을 뿐 사용에 문제는 없습니다.

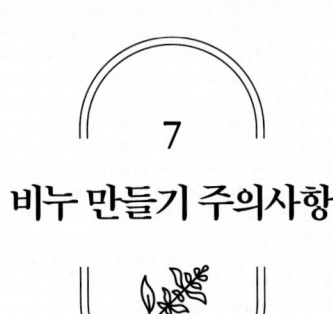

7
비누 만들기 주의사항

가성소다 사용 시 주의사항

가성소다는 강알칼리성으로 피부에 직접 닿지 않도록 소매가 긴 옷이나 토시, 보호안경, 장갑 등을 착용한 상태로 가성소다를 다루어야 합니다. 가성소다 수용액이 피부에 묻으면 자극을 주거나 화상을 입을 수 있으니 흐르는 물에 바로 씻어낸 후 식초나 구연산 녹인 물을 피부에 바릅니다.

가성소다를 녹일 때에는 반드시 물에 넣어 녹여야 합니다. 반대로 가성소다에 물을 부으면 급격한 반응으로 가성소다 수용액이 튀어 위험할 수 있습니다. 가성소다를 녹일 때 나오는 가스는 유독성이므로 흡입하지 않도록 하고 온도가 높게 올라가기 때문에 화상에도 주의해야 합니다.

가성소다를 녹일 때에는 스테인리스 용기, 내열성 유리 용기, 폴리프로필렌 재질(PP)의 용기에 작업합니다. 가성소다와 반응하는 알루미늄이나 얇은 플라스틱 용기, 폴리카보네이트(PC) 재질의 용기는 녹을 수 있으므로 위험합니다.

가성소다를 계량한 후에는 반드시 뚜껑을 꼭 닫아 애완동물과 어린이의 손에 닿지 않는 안전한 장소에 보관합니다. 가성소다는 공기 중의 수분과 반응하는 성질이 있어 뚜껑을 잘 닫지 않은 상태로 두면 그대로 녹을 수 있습니다.

에센셜 오일 사용 시 주의사항

에센셜 오일은 매우 농축된 물질이므로 피부에 직접적으로 닿지 않도록 합니다. 피부와 점막을 자극하므로 취급을 주의해야 하며 절대 복용해서는 안 됩니다. 또 휘발성이 강하므로 반드시 뚜껑을 꼭 닫아놓아야 하며 차광병에 담아 사용하고 직사광선과 고온을 피해야 합니다. 애완동물과 어린이의 손에 닿지 않는 곳에 보관합니다.

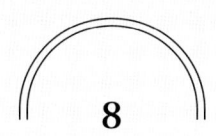

8
비누 만들기 유용한 팁

냄새 없이 가성소다 녹이기

이 책에서는 가성소다를 얼음에 녹이는 방법으로 가성소다 수용액을 만들었습니다. 얼음에 녹이면 가성소다를 녹일 때 나는 유독성 가스가 발생하지 않고 가성소다 수용액의 온도를 따로 식히는 과정이 필요하지 않습니다.

스크류 용기(폴리프로필렌 재질)에 정제수 총량의 80% 정도를 얼음으로 계량하고 나머지를 정제수나 생수로 채웁니다. 가성소다를 넣고 바로 뚜껑을 닫은 후 용기를 빙글빙글 돌려가며 흔들어 녹입니다. 바로 흔들지 않으면 덜 녹은 가성소다 덩어리가 남을 수 있으며 그때에는 5분 정도 잠시 놓아두면 전부 녹습니다.

가성소다 수용액의 온도는 비누 만드는 데 크게 영향을 미치지 않습니다. 얼음은 정제수나 생수를 직접 얼리거나 시중에 판매하는 식용 얼음을 사용합니다.

비누 보온

CP비누는 만드는 과정도 중요하지만 보온 과정도 매우 중요합니다. 비누 보온 과정이란 비누에 물리적으로 열을 가하는 과정이 아닌 비누화 과정이 이루어지는 동안 비누액 온도가 자연스럽게 오르내릴 수 있도록 주변의 온도를 적절한 상태로 유지시켜준다는 의미입니다. 만드는 과정대로 완성한 비누라도 보온에 신경 쓰지 않으면 결과물이 제대로 나오지 않는 경우가 있습니다.

내가 만드는 공간의 온도를 체크하고, 계절에 따라 알맞은 나만의 보온 방법을 찾는 것이 꼭 필요합니다. 비누는 레시피가 같아도 비누를 만들 당시의 기온이나 습도, 보온 상태에 따라 변수가 많아 그에 따른 완성품도 조금씩 달라질 수 있습니다.

보통 24시간 이상 보온한다고 하지만, 24시간 이내라도 비누화 과정이 지나고 자연스럽게 온도가 떨어져 있다면 보온은 완료된 것입니다. 비누화 과정이 끝나고 온도가 떨어진 비누를 24시간이라는 고정관념으로 시간을 채우기 위해 보온고나 스티로폼 박스에 계속 두는 것은 아무런 의미가 없습니다.

소다회 제거 방법

소다회는 완성된 비누 윗면이 하얗게 덮이는 것을 말합니다. 대부분은 비누액의 트레이스가 부족했을 때, 보온 시 습도가 높을 때 발생하며 그 외에 여러 이유로도 생깁니다. 단지 외관상 보기 좋지 않을 뿐이며 사용할 때는 아무 문제 없습니다.

소다회를 방지하는 방법으로 비누액을 몰드에 모두 넣은 후 마지막에 이소프로필알코올(99%)을 분사하는 방법, 보온을 마친 후 스팀을 쐬어주는 방법 등이 알려져 있습니다. 하지만 이러한 방법을 사용하더라도 비누 자체의 트레이스가 부족하거나 보온 시 습도가 높으면 소다회가 생길 수 있습니다.

완성한 비누 윗면의 소다회를 제거하고 싶다면 비누를 몰드에서 꺼내기 전에 흐르는 물로 비누 윗면을 깨끗하게 세척하는 방법을 추천합니다(손으로 문지르지 않아도 됩니다). 세척 후 비누 윗면의 물기를 가볍게 털어내고 그대로 물기를 완전히 건조한 후 몰드에서 비누를 꺼내 원하는 사이즈로 커팅합니다.

세척 전

세척 후

비누 커팅하는 방법

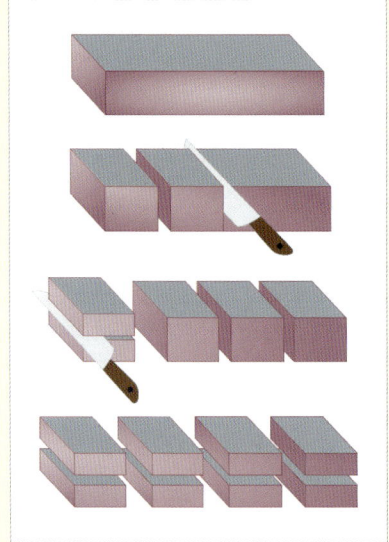

■ 가로 커팅
비누의 윗면이 보이도록 가로로 자릅니다.

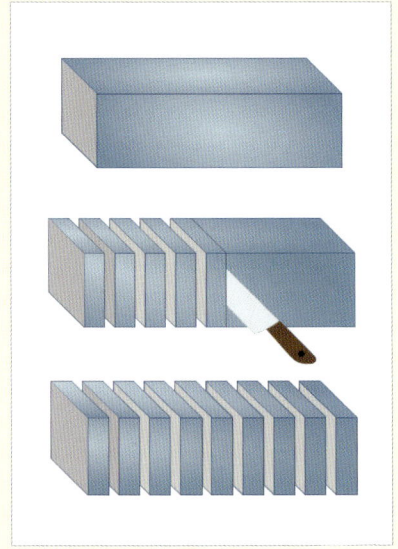

■ 세로 커팅
비누의 옆면이 보이도록 세로로 자릅니다.

비누 스탬프 찍는 방법

완성된 비누를 커팅한 후 곧바로 스탬프를 찍는 것보다 다음 날 찍는 것이 더 깔끔하게 찍힙니다. 비누가 무른 경우는 시간이 더 필요할 수 있으며 레시피와 비누 표면의 굳기 정도에 따라 다릅니다.

■ 방법 1
스탬프에 에탄올을 살짝 뿌리고 바누의 단면에 찍을 위치를 정한 후 지그시 눌러 찍습니다. 비누 스탬프가 전체적으로 균일한 깊이로 들어갔는지 확인한 후 비누 스탬프를 위아래로 살짝살짝 흔들면서 떼어냅니다.

■ 방법 2
스탬프에 에탄올을 살짝 뿌리고 바누의 단면에 찍을 위치를 정합니다. 비누 스탬프를 한 손으로 고정한 후 고무망치로 가운데를 살짝 치고 왼쪽 부분과 오른쪽 부분도 살며시 친 후 떼어냅니다. 너무 세게 내리치면 비누 스탬프가 손상될 수 있으므로 주의합니다.

■ 방법 3
펄을 묻혀서 찍을 경우에는 스탬프에 펄을 충분히 묻힌 후 스탬프를 기울인 채 바닥에 톡톡 쳐서 가볍게 털어냅니다. 비누의 단면에 찍을 위치를 정한 후 전체적으로 살며시 눌러 찍고 조심스럽게 떼어냅니다.

핸드 블렌더 세척하기

비누 만드는 도중 컬러가 다른 첨가물이나 다른 비누액이 묻어 있을 때, 비누 작업을 마쳤을 때 핸드 블렌더를 세척합니다. 뜨거운 물을 스테인리스 비커에 담아 핸드 블렌더를 가볍게 작동한 후 꺼내서 휴지로 물기를 닦아 사용합니다. 이때 핸드 블렌더가 작동하지 않도록 전원을 끄거나 핸드 블렌더를 분리해서 닦아야 안전합니다.

비누 만드는 시간이 길어져 스테인리스 비커의 따뜻한 물이 식어 잘 닦이지 않을 때는 가열기구에 잠시 데워 물을 따뜻하게 한 후 세척합니다. 세척하는 물은 비누 만들기 공정이 끝날 때까지 반복적으로 사용해도 괜찮습니다.

비커와 도구 세척하기

비누 만들기가 끝나고 난 비커와 도구는 다음 날까지 그대로 방치해둡니다. 다음 날 비커에 물을 채워둔 후 잠시 시간이 지나면 비커에 묻어 있는 비누액은 모두 물에 녹아 비커에 남아 있지 않습니다. 이때 가볍게 물로 헹구어 건조하거나 비커나 도구에 약간의 유분기가 남아 있다면 주방세제로 닦아내고 헹구어 건조합니다.

가성소다 폐기방법

가성소다 수용액을 버려야 하는 경우에는 반드시 식초와 같은 약산성액을 가성소다 수용액에 넣어 중화시킨 후 폐기해야 합니다. 아직 정제수와 섞지 않은 가성소다는 가성소다 수용액을 만든 후 중화시켜 폐기합니다. 가성소다는 법에서 규정하는 유독물질로 지정폐기물 처리방법에 의해 중화처리 등을 하여 폐기하도록 규정하고 있습니다.

9 CP비누 레시피 구성 방법

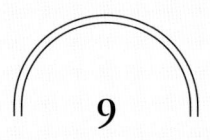

1 비누 타입 정하기

만들기 원하는 비누 타입을 결정합니다.

2 총 오일 양 정하기

비누 1kg을 만들기 위해서는 오일 양은 700~750g이 적당합니다. 나머지는 정제수, 가성소다, 첨가물 등의 용량입니다.

3 코코넛 오일, 팜 오일(포화지방산)의 용량 정하기

비누의 거품이나 단단함을 위해서 필요합니다. 계절이나 피부 타입에 따라 용량을 조절하며 코코넛 오일은 엑스트라 버진 코코넛 오일과 정제 코코넛 오일 중 어떤 것을 사용해도 무방합니다. 아래 표는 코코넛 오일, 팜 오일을 동량으로 잡았으며 절대적인 것은 아닙니다.

4 나머지 베이스 오일(불포화지방산)의 용량 정하기

코코넛 오일과 팜 오일의 용량을 정했다면 비누 특성에 맞는 베이스 오일의 종류를 정합니다. 너무 많은 종류의 오일을 첨가하는 것보다는 특징을 살릴 수 있는 오일 3가지 이내로 구성하는 것을 추천합니다. 과정 2에서 정한 총 오일 양에서 과정 3의 오일 용량을 뺀 나머지 양으로 합니다. 불포화지방산의 비율이 높은 비누일수록 비누 완성품의 유통기한 및 사용기한이 짧아질 수 있습니다.

기능별 추천 오일 예시

구분	추천 용량
노화 예방	녹차씨, 마카다미아 너트, 아보카도
두피	녹차씨, 동백, 아보카도, 윗점, 햄프시드
보습	동백, 아보카도, 올리브, 해바라기씨
아토피	달맞이꽃, 동백, 올리브, 햄프시드
여드름	녹차씨, 해바라기씨, 헤이즐넛
클렌징	살구씨, 스위트아몬드

총 오일 양 750g 기준 예시

피부 타입	코코넛	팜	전체 오일 양 비율
유아	105~120g	105~120g	28~32%
건성	120~150g	120~150g	32~40%
중성	150~165g	150~165g	40~44%
지성	180g 내외	180g 내외	48% 내외
여드름	210g 내외	210g 내외	56% 내외

5 정제수의 양 정하기

가성소다를 녹일 물의 양을 정합니다. 정제수, 증류수, 정수기물, 생수 등을 사용하며 커피원액, 산양유, 알코올류(와인, 막걸리) 등으로 대체 가능합니다. 수돗물, 식염수는 적합하지 않습니다. 정제수의 양은 레시피의 포화지방산 비율에 따라 달라집니다(248쪽 포화지방산 함량별 정제수 비율 참조).

6 가성소다의 양 정하기

가성소다의 양은 각 오일의 양에 비누화값을 곱하여 산출합니다. 여기서 가성소다 디스카운트 비율도 결정합니다. 보통은 3~5% 디스카운트를 하는 것으로 알려져 있지만, 요즘은 생략하는 추세입니다. 레시피 구성에 포화지방산이 50% 이하인 경우는 디스카운트를 추천하지 않습니다. 이 책에서는 디스카운트하지 않고 순도 98%에 대해서도 계산하였습니다. 버블뱅크 '비누계산기' 어플리케이션을 이용하면 비누화값을 편리하게 계산할 수 있습니다.

7 첨가물의 종류와 용량 정하기

일반적으로 천연분말은 비누 총량의 2% 내외, 클레이류는 1% 내외로 정하는 것으로 알려져 있지만 원하는 색을 내기 위해서 그 이상의 용량을 첨가하기도 합니다. 또한 좋은 천연분말을 첨가했다고 하여 비누가 치료 역할을 하는 것은 아닙니다. 첨가물은 생략 가능한 선택 재료입니다.

8 에센셜 오일 종류와 용량 정하기

에센셜 오일은 비누 총량의 1~3%로 첨가합니다. 1%의 에센셜 오일을 첨가했을 때 4~6주 이상의 건조기간을 거치고 나면 비누에 향이 나지 않을 수도 있습니다. 최소한 2%는 첨가해야 건조기간이 끝났을 때 은은한 향을 느낄 수 있습니다. 3% 첨가하여 비누를 만들면 비누를 모두 사용할 때까지 향이 남아 있어 향수 비누의 역할도 합니다.

기능별 추천 오일 예시

구분	추천 용량
건성	팔마로사, 파출리
민감성	제라늄, 라벤더
지성	버가못, 사이프러스, 프랑킨센스, 일랑일랑
두피	로즈마리, 스파이크 라벤더, 일랑일랑, 클라리세이지
아토피	라벤더, 캐모마일, 티트리
여드름	라벤더, 레몬그라스, 사이프러스, 티트리

PART 1

누구나 쉽게 만들어 완성!

MP비누

MP비누 만들기 일러두기

○ **비누 베이스를 작게 자른 후 녹입니다.**
비누 베이스를 작은 크기로 자른 후 녹이면 빠른 시간에 녹일 수 있습니다.

○ **가열기구의 약한 열로 서서히 녹입니다. 별도로 가열기구가 없을 경우 전자레인지에 녹입니다.**
스테인리스 비커 사용 시 가열기구를 사용하고 폴리프로필렌(PP) 비커는 전자레인지를 사용합니다. 또한 내열 유리비커(파이렉스)를 사용할 경우는 가열기구와 전자레인지에 모두 사용이 가능합니다. 물을 가열하여 중탕으로 녹이는 방법도 있습니다.

○ **비누액에 첨가할 분말류는 정제수에 섞어둡니다.**
비누액에 첨가할 분량의 정제수를 전자레인지에 넣어 따뜻하게 데운 후 분말과 섞으면 분말을 쉽게 풀 수 있습니다. 비누 베이스를 녹인 후 5~7%의 정제수를 첨가하면 완성 후 비누 표면에 물방울이 맺히는 현상을 방지할 수 있습니다. 크리스털 비누 베이스의 경우 약간 무른 형태로 완성될 수 있으므로 정제수는 생략합니다.

○ **비누액에 향 오일을 첨가합니다.**
비누액 총량의 1% 정도의 에센셜 오일 또는 프레이그런스 오일을 첨가하면 비누에 향을 더할 수 있습니다. 향 오일이 간혹 투명도에 영향을 줄 수 있으므로 투명함을 강조하는 비누에는 향 오일을 생략하는 것이 좋습니다.

○ **정제수에 미리 풀어두었던 분말과 비누액을 골고루 섞어줍니다.**
- 분말 형태의 식용색소, 천연분말, 옥사이드는 정제수에 진하게 풀어 첨가하면 가루가 뭉치지 않아 깔끔한 비누를 만들 수 있습니다.
- 액체나 젤리 형태로 된 식용색소와 마이카는 비누액에 바로 첨가할 수 있습니다.
- 화이트 비누 베이스가 흰색이지만 티타늄디옥사이드 분말(비누용)과 정제수를 1:2 비율로 배합하고 추가로 소량 첨가한 후 식용색소를 넣으면 투명감이 사라지고 매트한 느낌의 컬러로 비누를 완성할 수 있습니다.

○ 실리콘 몰드에 에탄올을 뿌려 비누액이 빠르게 골고루 퍼질 수 있도록 합니다.
세밀한 무늬가 있는 몰드를 사용할 경우 몰드에 에탄올 스프레이를 가볍게 분사한 후 비누액을 넣으면 미세한 선에도 비누가 에탄올을 타고 잘 들어가므로 디테일한 부분까지 잘 표현해 낼 수 있습니다. 몰드를 소독하는 의미는 아닙니다.

○ 비누액을 몰드에 넣습니다.
비누액을 몰드에 넣을 때 비누액의 온도는 디자인과 기법에 따라 차이가 있지만 기본적인 mp비누를 만들 때의 온도는 55~65℃면 적절합니다.

○ 윗면에 에탄올 스프레이를 가볍게 뿌려 기포를 제거합니다(기포가 없으면 생략 가능).
식물성 에탄올, 무수 에탄올 모두 사용이 가능합니다. 경우에 따라 투명한 비누는 투명도를 위해 에탄올 스프레이 분사를 생략하기도 합니다.

○ 비누가 완전히 굳으면 몰드에서 꺼냅니다.
실온에서 굳히는 데 시간이 오래 걸릴 때는 냉장고에 잠시 넣어두면 짧은 시간 내에 굳힐 수 있으며, 때로는 실온에서 서서히 굳혀야 하는 경우도 있습니다. 투명 비누의 경우 냉동실에서 굳히면 투명도에 영향을 줄 수 있습니다.

○ 랩으로 포장을 한 후 보관합니다.
– 랩으로 포장해 두면 깔끔한 상태로 보관할 수 있습니다.
– 투명 비누의 경우 진공비닐을 사용하여 진공포장하면 더 투명해 보이며 오랫동안 투명함을 유지할 수 있습니다.

MP 베이직 비누
MP Basic Soap

MP SOAP LEVEL ●○○○○

ingredient

완성품 용량 : 약 80g 1개

재료	용량	비고
화이트 비누 베이스	75g	–
정제수	5g	화이트 비누 베이스 용량의 7%
프레이그런스 오일	1ml	바나나
천연분말	2g	유노하나
	1g	호박
에탄올 스프레이	소량	기포 제거용

basic tools

가열기구, 전자레인지
디지털 저울, 디지털 온도계
비커, 스푼, 니트릴 장갑, 비누 커팅용 칼
실리콘 몰드(바나나 몰드)

HOW TO MAKE

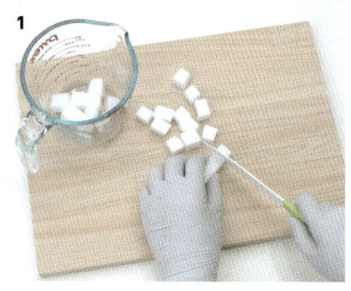

화이트 비누 베이스를 작게 자릅니다.

핫플레이트의 약한 열로 서서히 녹입니다.

비누액에 첨가할 정제수에 유노하나 분말과 호박 분말을 골고루 섞어둡니다.

비누액에 향 오일을 넣고 가볍게 저어줍니다.

미리 풀어두었던 분말에 비누액을 넣고 골고루 섞어줍니다.

실리콘 몰드에 에탄올을 뿌려 비누액이 빠르게 골고루 퍼질 수 있도록 합니다.

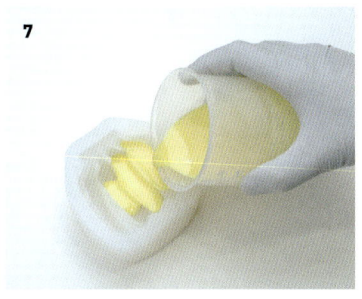

7

비누액이 60~65℃가 되면 비누액을 몰드에 넣습니다.

8

윗면에 에탄올 스프레이를 가볍게 뿌려 기포를 제거합니다(기포가 없으면 생략 가능).

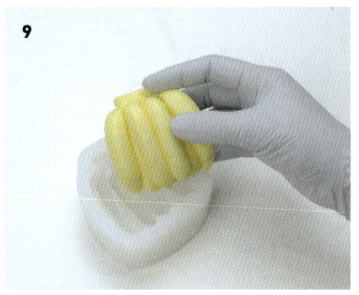

9

비누가 완전히 굳으면 몰드에서 꺼냅니다.

10

랩으로 포장한 후 보관합니다.

tip

- 투명 비누 베이스에 티타늄디옥사이드가 첨가되면 화이트 비누 베이스가 됩니다. 투명 비누 베이스만 가지고 있을 경우 티타늄디옥사이드 분말(비누용)과 정제수를 1:2 비율로 믹싱한 후 투명 비누 베이스에 첨가하여 화이트 비누 베이스로 만들어서 사용할 수 있습니다.
- MP비누에 사용할 옥사이드 컬러칩을 미리 만들어 두면 편리합니다. 투명 비누 베이스에 컬러별로 진하게 섞어 작은 미니 몰드에 넣어 굳힌 후 각각 밀폐 용기에 보관하고 필요할 때마다 꺼내 녹인 비누 베이스에 한두 개씩 넣어 저으며 원하는 컬러를 만듭니다. 그러면 옥사이드를 매번 정제수에 풀어야 하는 번거로움을 줄일 수 있습니다.

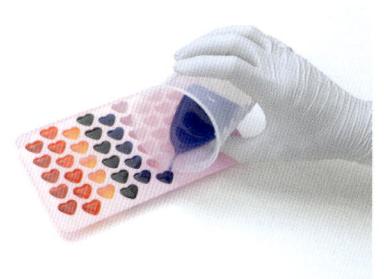

크리스털 허브 비누
Crystal Herb Soap

MP SOAP   LEVEL ●○○○○

ingredient

완성품 용량 : 약 105g 1개

재료	용량	비고
크리스털 비누 베이스	110g	-
드라이 허브(콘플라워)	소량	프리저브드 플라워로 대체 가능
에탄올 스프레이	소량	기포 제거용

basic tools

가열기구, 전자레인지
디지털 저울, 디지털 온도계
비커, 스푼, 니트릴 장갑, 비누 커팅용 칼
실리콘 몰드(사각형 몰드)
핀셋, 나무 꼬치

HOW TO MAKE

1

크리스털 비누 베이스를 작게 자른 후 핫플레이트의 약한 열로 서서히 녹입니다.

2

드라이 허브 또는 프리저브드 플라워를 준비해둡니다.

3

원하는 양만큼 콘플라워를 몰드에 넣습니다.

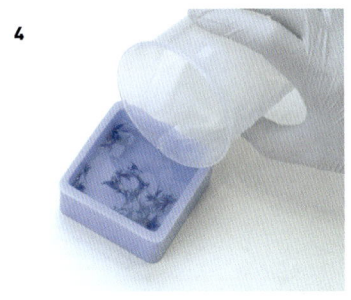

4

비누액 온도가 58℃가 되면 비누액을 몰드에 넣습니다.

5

나무 꼬치 또는 핀셋을 이용하여 콘플라워를 아래쪽으로 내리면서 자연스러운 위치로 정리합니다.

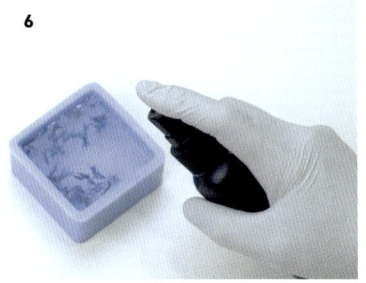

6

윗면에 에탄올 스프레이를 가볍게 뿌려 기포를 제거합니다.

7

플라스틱 스푼으로 윗면에 생긴 막을 빠르게 한 번 걷어냅니다.

8

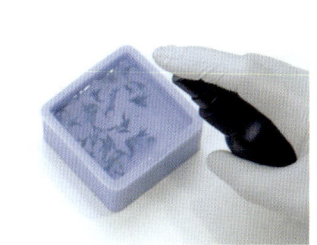

윗면에 에탄올 스프레이를 다시 가볍게 뿌려 기포를 제거합니다(기포가 없으면 생략 가능).

9

비누가 완전히 굳으면 몰드에서 꺼냅니다.

10

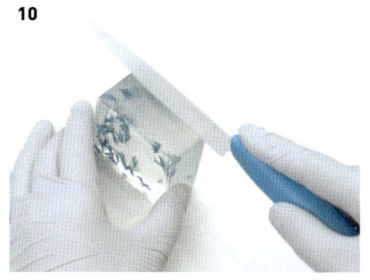

완성된 비누의 한쪽 면이 매끈하지 않다면 얇게 커팅하여 좀 더 깔끔하게 정리한 후 랩으로 포장합니다.

- 투명도를 위해 에센셜 오일은 생략합니다.
- 비누액의 온도가 높거나 시간이 지나면 허브의 고유 컬러가 바랠 수 있습니다.
- 콘플라워(수레국화) 외에 홍화, 카렌듈라, 재스민, 로즈마리 드라이 허브 등을 첨가할 수 있습니다.

MP SOAP   LEVEL ●○○○○

ingredient

완성품 용량 : 약 35g 2개

재료	용량	비고
투명 비누 베이스	80g	크리스털 비누 베이스로 대체 가능
정제수	4g	투명 비누 베이스 용량의 5%
에센셜 오일	2.5ml	게라니올
식용색소	소량	-
에탄올 스프레이	소량	기포 제거용
장식 끈	2개	데코레이션용

basic tools

가열기구, 전자레인지
디지털 저울, 디지털 온도계
비커, 스푼, 니트릴 장갑
실리콘 몰드(아이스크림 몰드)
아이스크림 막대

 게라니올 에센셜 오일

게라니올 또는 제라니올이라 부르며 특정 목적을 위해 로즈, 시트로넬라, 레몬그라스, 제라늄, 팔마로사 등에서 성분을 추출한 에센셜 오일입니다. 고가의 로즈 에센셜 오일을 대신해서 게라니올이 사용되기 시작했습니다. 향이 아주 부드러우며 은은한 장미향이 나는 것으로 유명합니다. 또한 벌레나 냉혈 곤충을 없애기 위한 천연 살충제에도 많이 쓰입니다. 실제로 유럽이나 미국에서 판매되는 천연성분 함유 살충제에 게라니올이 사용되고 있습니다. 여름철 벌레 퇴치를 위한 캔들, 디퓨저, 스프레이 등에도 활용할 수 있습니다.

HOW TO MAKE

투명 비누 베이스를 작게 자른 후 핫플레이트의 약한 열로 서서히 녹입니다.

녹여둔 비누액에 정제수를 첨가하여 섞어줍니다.

비누액에 에센셜 오일을 첨가하고 섞어줍니다.

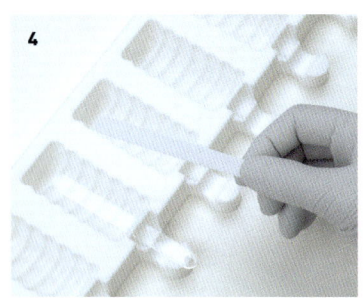

아이스크림 막대를 몰드에 끼워 준비합니다.

비누액을 28g씩 3개로 나누고 2개만 원하는 컬러로 만들어둡니다.

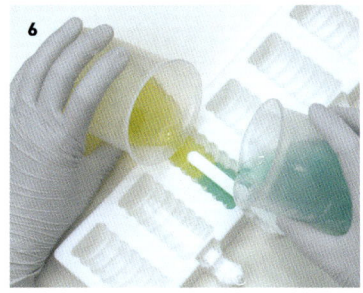

비누액 온도가 약 60℃가 되면 몰드에 2가지 컬러의 비누액을 양쪽에서 동시에 넣되 1/2 정도 남깁니다.

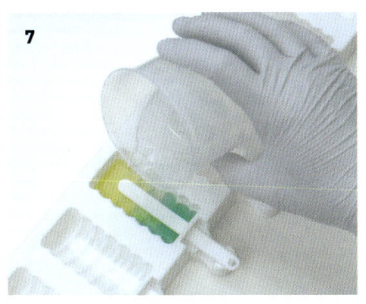 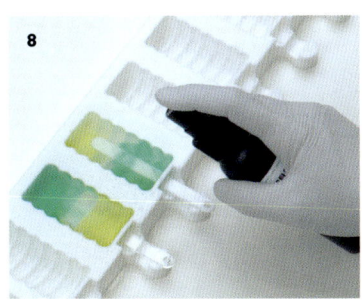 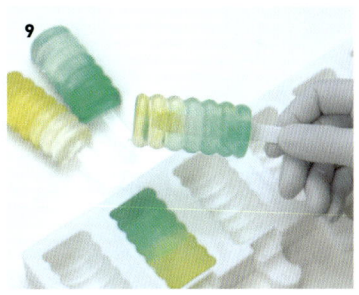

7 무색의 투명 비누액을 두 컬러의 경계선에 넣어 가득 채워 완성하고 같은 방법으로 하나 더 만듭니다.

8 윗면에 에탄올 스프레이를 가볍게 뿌려 기포를 제거합니다(기포가 없으면 생략 가능).

9 비누가 완전히 굳으면 몰드에서 꺼냅니다.

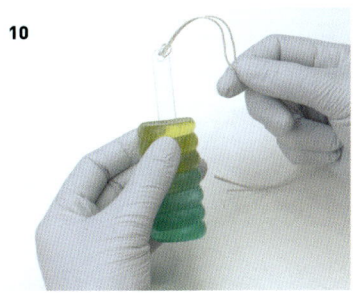

10 장식 끈으로 연결한 후 필요한 곳에 매달아둡니다.

- 안티버그 스틱은 실외의 넓은 공간에서는 기능을 발휘하지 못하는 단점이 있습니다.
- 벌레나 모기퇴치를 위한 스틱을 제작할 경우, 에센셜 오일은 비누 총량의 2~3% 첨가하며 인공향인 프레이그런스 오일은 사용하지 않습니다.
- 에센셜 오일 추천 블렌딩
  레몬그라스 20%
  시트로넬라 10%
  유칼립투스 20%
  제라늄 50%

테라조 비누
Terazzo Soap

MP SOAP LEVEL ●○○○○

ingredient

완성품 용량 : 약 550g

재료	용량	비고
투명 비누 베이스	480g	-
정제수	24g	투명 비누 베이스 용량의 5%
에센셜 오일	5ml	라벤더
천연분말	소량	숯
티타늄디옥사이드 분말(비누용)	소량	정제수에 풀어놓은 액상형
비누 조각	50g	컬러별 자투리 비누
에탄올 스프레이	소량	기포 제거용

basic tools

가열기구, 전자레인지
디지털 저울, 디지털 온도계
비커, 스푼, 니트릴 장갑, 비누 커팅용 칼
실리콘 몰드(500g용 또는 1kg용)

HOW TO MAKE

1. 투명 비누 베이스를 작게 자른 후 각각 핫플레이트의 약한 열로 서서히 녹입니다.

2. 자투리 비누 등 비누 조각을 작게 자릅니다.

3. 숯 분말과 정제수를 먼저 섞은 후 비누액에 넣고 티타늄디옥사이드(액상)를 소량씩 넣으며 그레이 컬러의 비누액을 만듭니다.

4. 비누액 온도가 55℃가 되면 과정 2에서 작게 잘라 둔 비누 조각을 모두 넣고 골고루 섞어줍니다.

5. 비누액에 에센셜 오일을 첨가합니다.

6. 실리콘 몰드에 비누액을 모두 넣습니다.

7

윗면에 에탄올 스프레이를 가볍게 뿌려 기포를 제거합니다(기포가 없으면 생략 가능).

8

비누가 완전히 굳으면 몰드에서 꺼내 4면을 모두 얇게 커팅하여 좀 더 깔끔하게 정리합니다.

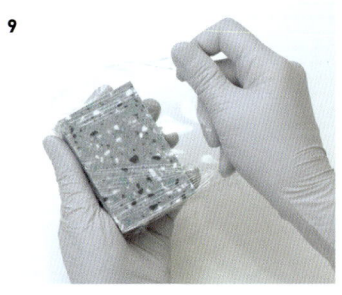

9

랩으로 포장을 하여 완성합니다.

tip

- 비누를 트리밍하고 남은 자투리나 비누를 만들고 조금씩 남아 있는 비누 조각을 모아서 만들 수 있습니다.
- 자투리 비누는 MP비누, CP비누(건조기간이 지난 것) 모두 사용할 수 있으며 MP비누 자투리의 경우 비누액이 너무 뜨겁거나 자투리 비누가 너무 작으면 녹을 수 있으므로 주의합니다.
- 비누액 온도가 높으면 잘게 자른 조각들이 모두 위쪽으로 뜬 채로 완성되므로 비누액 온도는 55℃가 적절합니다. 비누 조각이 CP비누일 경우, 비누액 온도는 60℃가 적절합니다.
- 비누의 모든 면을 트리밍해야 디테일한 모습을 볼 수 있습니다.

쿨 멘톨 비누
Cool Menthol Soap

MP SOAP   LEVEL ●○○○○

ingredient

완성품 용량 : 약 60g 2개

재료	용량	비고
투명 비누 베이스	120g	크리스털 비누 베이스로 대체 가능
정제수	6g	투명 비누 베이스 용량의 5%
에센셜 오일	1ml	스피아민트(생략 가능)
식용색소	소량	–
멘톨	3.5g	투명 비누 베이스 용량의 3%
에탄올 스프레이	소량	기포 제거용

basic tools

가열기구, 전자레인지
디지털 저울, 디지털 온도계
비커, 스푼, 니트릴 장갑, 비누 커팅용 칼
실리콘 몰드(다구 몰드)

— HOW TO MAKE —

투명 비누 베이스를 작게 자른 후 핫플레이트의 약한 열로 서서히 녹입니다.

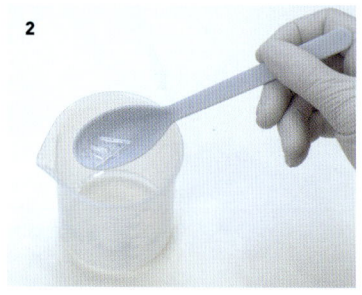

투명 비누 베이스에 첨가할 정제수를 30℃ 정도가 되도록 미지근하게 가열한 후 멘톨을 넣어 완전히 녹입니다.

비누액에 에센셜 오일을 첨가하고 섞어줍니다.

준비한 몰드의 한쪽 모서리 또는 중앙에 원하는 컬러의 식용색소를 1방울 떨어뜨립니다.

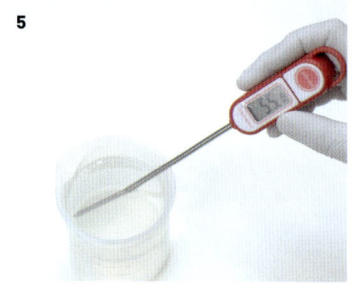

비누액 온도가 60℃ 정도가 되면 멘톨을 녹인 정제수와 섞어줍니다.

식용색소를 떨어뜨린 지점에 비누액을 부어 가득 채웁니다.

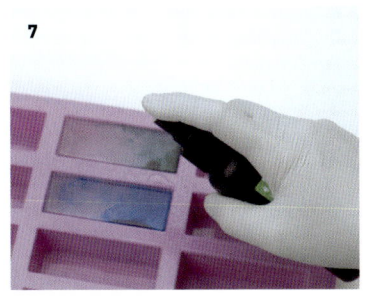

7

윗면에 에탄올 스프레이를 가볍게 뿌려 기포를 제거합니다(기포가 없으면 생략 가능).

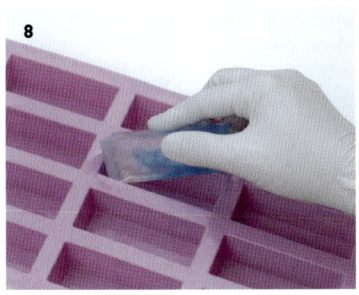

8

비누가 완전히 굳으면 몰드에서 꺼냅니다.

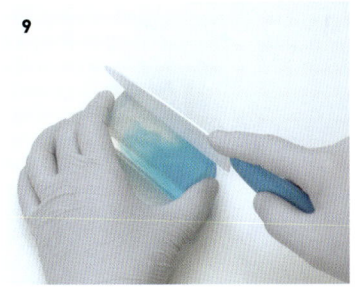

9

완성된 비누의 한쪽 면이 매끈하지 않다면 얇게 커팅하여 좀 더 깔끔하게 정리합니다.

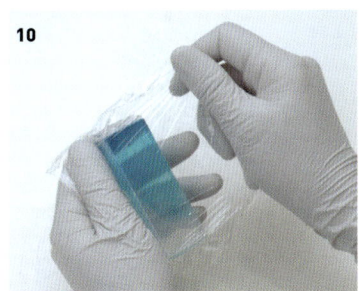

10

랩으로 포장한 후 보관합니다.

- 멘톨을 높은 온도에서 녹이면 멘톨의 시원한 느낌이 많이 사라집니다. 온도를 최대한 낮춰 미지근한 정제수에 녹이거나 소량의 에탄올에 녹이기도 합니다.

해변 비누

Beach Soap

MP SOAP   LEVEL ●●●○○

ingredient

완성품 용량 : 약 110g 1개

재료	용량	비고
크리스털 비누 베이스	75g	투명 비누 베이스로 대체 가능
화이트 비누 베이스	40g	-
정제수	3g	천연분말 희석용
에센셜 오일	1ml	페퍼민트
식용색소	소량	블루 또는 민트
천연분말	소량	노니(샌달우드 분말로 대체 가능)

basic tools

가열기구, 전자레인지
디지털 저울, 디지털 온도계
비커, 스푼, 니트릴 장갑
실리콘 몰드(사각형 몰드, 조개 데코 몰드)
몰드를 기울이기 위한 받침대(500g 몰드 뚜껑)

HOW TO MAKE

1
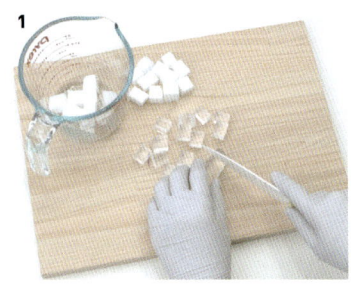
크리스털 투명 비누 베이스와 화이트 비누 베이스를 작게 자른 후 각각 핫플레이트의 약한 열로 서서히 녹입니다.

2
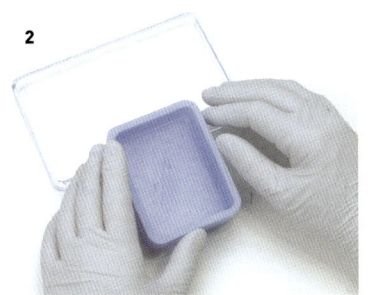
몰드를 기울이기 위해 받침대를 받치고 최대한 높이 기울여 준비해둡니다.

3

정제수에 노니 분말을 넣고 미리 풀어둡니다.

4
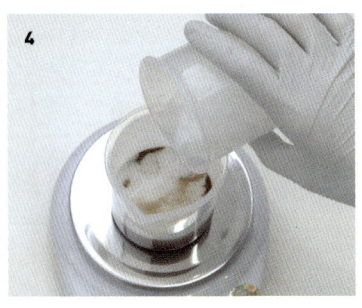
과정 3에 화이트 비누액 35g을 넣고 준비한 에센셜 오일의 1/3(약 7방울)을 넣은 후 골고루 섞어줍니다.

5
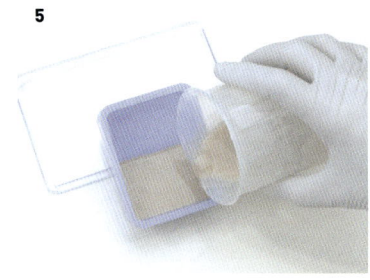
기울여둔 몰드에 넘치지 않을 때까지 과정 4의 비누액을 넣고 그대로 굳힙니다. 이때 비누액을 조금 남겨둡니다.

6
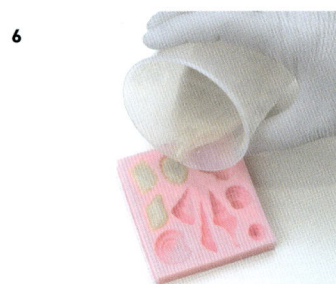
조개 모양을 만들기 위해 과정 5에서 남겨둔 비누액과 남은 화이트 비누액 5g을 섞은 후 조개 데코 몰드에 넣습니다.

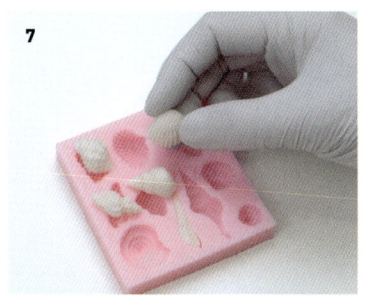

7 조개 모양의 비누가 완전히 굳으면 꺼내고 기울여둔 몰드를 평평하게 둡니다.

8 녹여둔 크리스털 비누액에 식용색소를 첨가합니다.

9 크리스털 비누액에 남겨둔 에센셜 오일을 첨가하고 골고루 섞어줍니다.

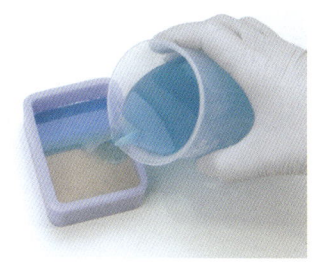
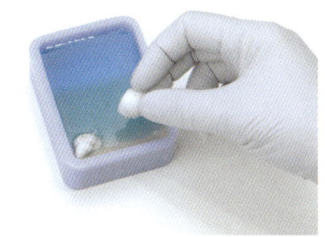

10 비누액 온도가 약 65℃가 되면 기울여둔 몰드를 평평하게 놓고 에탄올을 충분히 뿌린 후 과정 9의 비누액을 넣습니다. 이때 모래사장 부분이 조금 드러나는 선까지만 넣습니다.

11 조개 모양의 비누를 적당한 위치에 넣습니다.

12 비누가 완전히 굳으면 몰드에서 꺼내 랩으로 포장합니다.

- 좀 더 매끈하게 완성하기 위해 11번 과정에서 에탄올 스프레이는 분사하지 않고 완성합니다.
- 준비된 비누 베이스가 투명만 있을 경우 티타늄디옥사이드(비누용)를 정제수에 풀어놓은 후 첨가하면 화이트 비누 베이스 대신 사용할 수 있습니다.

가을 낙엽 비누
Fallen Leaves Soap

MP SOAP   LEVEL ●●●○○

ingredient

완성품 용량 : 약 110g 2개

재료	용량	비고
크리스털 비누 베이스	240g	투명 비누 베이스로 대체 가능
마이카	소량	레드, 오렌지, 올리브그린, 옐로, 캄부그린
에탄올 스프레이	소량	기포 제거용

basic tools

가열기구, 전자레인지
디지털 저울, 디지털 온도계
비커, 스푼, 니트릴 장갑, 비누 커팅용 칼
실리콘 몰드(사각형 몰드, 나뭇잎 데코 몰드)

--- HOW TO MAKE ---

크리스털 비누 베이스를 작게 자른 후 각각 핫플레이트의 약한 열로 서서히 녹입니다.

나뭇잎 비누를 만들기 위해 비누액 50g을 던 다음 마이카를 섞어 원하는 컬러를 만듭니다.

과정 2의 비누액을 나뭇잎 몰드에 넣습니다. 얇은 비누로 완성하기 위해서는 비누 높이는 2~3mm가 적당합니다.

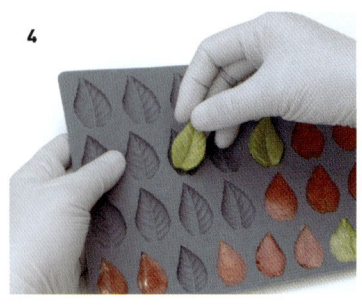

나뭇잎 모양의 비누가 완전히 굳기 전에 몰드에서 꺼내 자연스럽게 휘어지도록 손질합니다.

다구 몰드 바닥에 나뭇잎 모양의 비누가 위를 향하도록 서로 엇갈리게 겹겹이 배치합니다.

비누액 온도가 60℃가 되면 나뭇잎 모양의 비누 위에 에탄올을 가볍게 뿌립니다.

7	8	9
		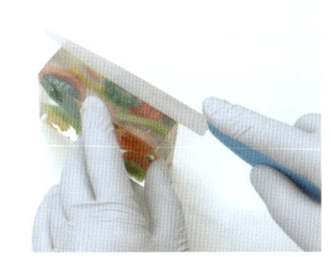
나뭇잎 모양의 비누가 움직이지 않도록 몰드에 비누액을 조심히 넣습니다.	비누가 완전히 굳으면 몰드에서 꺼냅니다.	완성된 비누의 한쪽 면이 매끈하지 않다면 얇게 커팅하여 좀 더 깔끔하게 정리한 후 랩으로 포장합니다.

- 투명도를 위해 에센셜 오일은 생략합니다.
- 좀 더 매끈하게 완성하기 위해 7번 과정에서 에탄올 스프레이는 분사하지 않고 완성합니다.

겨울 눈꽃 비누
Winter Snowflake Soap

MP SOAP LEVEL ●●●○○

완성품 용량 : 약 110g 1개

재료	용량	비고
크리스털 비누 베이스	110g	투명 비누 베이스로 대체 가능
에센셜 오일	1ml	라벤더
글리터	소량	블루, 바이올렛, 화이트
티타늄디옥사이드 분말(비누용)	소량	정제수에 풀어놓은 액상형
에탄올 스프레이	소량	기포 제거용

가열기구, 전자레인지

디지털 저울, 디지털 온도계

비커, 스푼, 니트릴 장갑

실리콘 몰드(사각형 몰드, 눈꽃결정 데코 몰드)

핀셋

HOW TO MAKE

크리스털 비누 베이스를 작게 자른 후 핫플레이트의 약한 열로 서서히 녹입니다.

비누액에 에센셜 오일을 첨가하고 섞어줍니다.

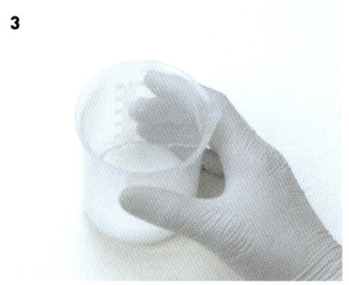

비누액을 10g 덜어 티타늄디옥사이드(액상)를 소량 넣고 화이트 컬러의 비누액을 만듭니다.

몰드에 에탄올 스프레이를 충분히 뿌린 후 과정 3의 비누액을 눈꽃결정 데코 몰드에 넣어 굳힙니다.

비누가 완전히 굳으면 데코 몰드에서 눈꽃결정 모양 비누를 꺼내 준비해둡니다.

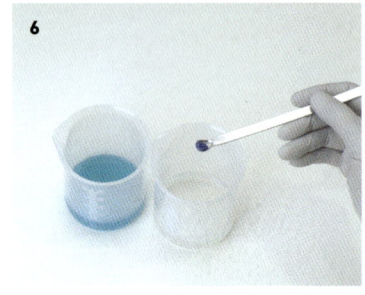

두 개의 비커에 비누액을 40g씩 덜어 블루와 바이올렛 글리터를 각각 첨가하고 골고루 섞어둡니다.

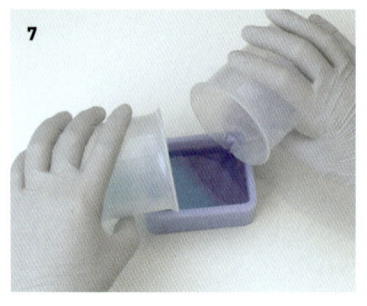

비누액의 온도가 60℃가 되면 몰드의 모서리 부분과 그 반대편에서 동시에 비누액을 넣습니다.

윗면이 살짝 굳으면 에탄올을 가볍게 뿌립니다.

과정 5에서 준비해둔 눈꽃결정 데코비누를 원하는 위치에 살며시 올려둡니다.

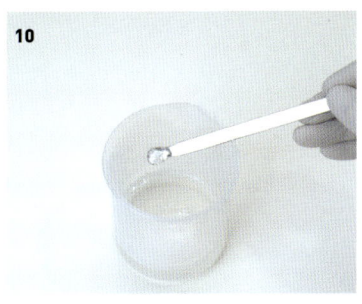
남은 비누액에 화이트 글리터를 첨가하고 골고루 섞어둡니다.

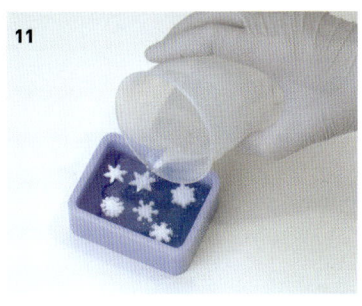
비누액 온도를 65℃에 맞추고 눈꽃결정 데코비누 위에 소량씩 모두 부어줍니다.

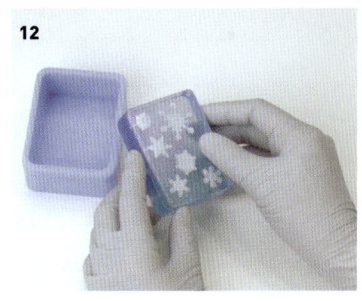
비누가 완전히 굳으면 몰드에서 꺼냅니다.

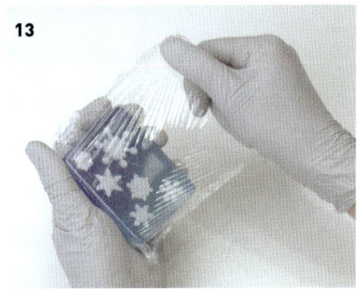
랩으로 포장한 후 보관합니다.

○ 좀 더 매끈하게 완성하기 위해 11번 과정에서 에탄올 스프레이는 분사하지 않고 완성합니다.

MP SOAP LEVEL ●●●●○

ingredient

완성품 용량 : 약 95g 1개

재료	용량	비고
크리스털 비누 베이스	100g	투명 비누 베이스로 대체 가능
에센셜 오일	1ml	로즈마리
식용색소	소량	민트
마이카	소량	골드 또는 브라운
천연분말	소량	숯
티타늄디옥사이드 분말(비누용)	소량	정제수에 풀어놓은 액상형
에탄올 스프레이	소량	기포 제거용

basic tools

가열기구, 전자레인지
디지털 저울, 디지털 온도계
비커, 스푼, 니트릴 장갑
실리콘 몰드(보석 몰드)
종이포일, 핀셋, 마이카용 스프레이 용기

― HOW TO MAKE ―

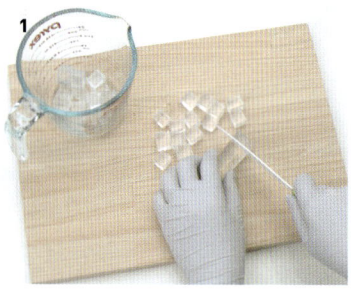

크리스털 비누 베이스를 작게 자른 후 핫플레이트의 약한 열로 서서히 녹입니다.

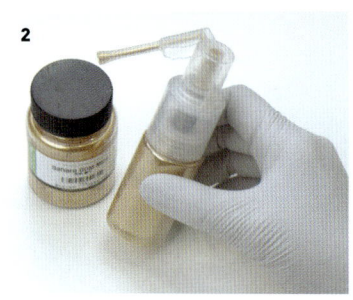

마이카용 스프레이 용기에 마이카를 담아 준비해둡니다.

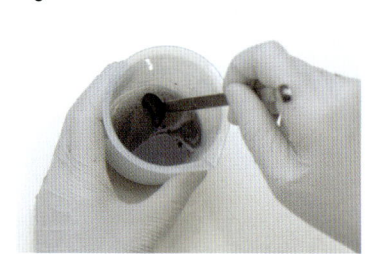

비누액을 3g씩 2개로 덜어 하나는 숯 분말을 넣어 블랙 컬러를 만들고, 하나는 티타늄디옥사이드(액상)를 넣고 화이트 컬러의 비누액을 만듭니다.

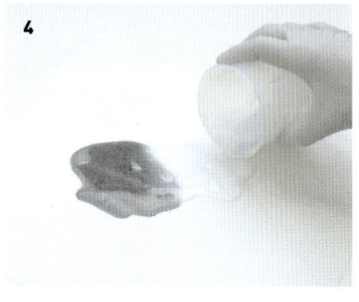

종이포일을 깔고 과정 3의 비누액을 나란히 부어 아주 얇게 퍼지도록 한 후 에탄올 스프레이를 가볍게 뿌립니다.

남은 비누액에 에센셜 오일을 첨가하고 섞어줍니다.

비누액을 반으로 나누고 하나는 무색의 투명으로, 나머지 하나는 민트 컬러로 만들어둡니다.

핀셋을 이용하여 종이포일에 살짝 굳힌 비누를 조금 찢어둡니다.

비누액 온도가 약 65℃가 되면 민트 컬러의 비누액을 몰드에 넣습니다.

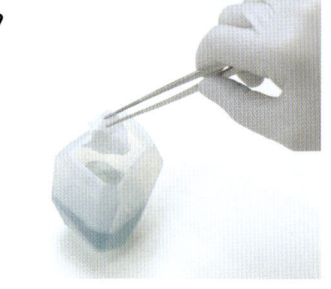

비누액이 담긴 몰드에 얇게 찢어둔 비누 조각을 2~3개 넣습니다.

몰드에 들어 있는 비누액의 윗면에 마이카 스프레이를 가볍게 분사합니다.	무색의 크리스털 비누액을 1/2 정도 넣고 마이카 스프레이를 한 번 더 분사한 후 남은 비누액을 모두 넣습니다.	얇게 찢어둔 비누 조각을 몇 개 더 넣어 자연스럽게 보이도록 정리합니다.
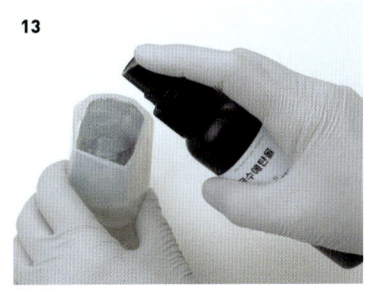	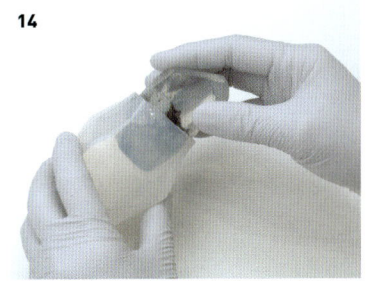	
윗면에 에탄올 스프레이를 가볍게 뿌려 기포를 제거합니다(기포가 없으면 생략 가능).	비누가 완전히 굳으면 몰드에서 꺼내 랩으로 포장합니다.	

○ 흐르는 물에 비누를 전체적으로 가볍게 문질러 헹구고 정제수 헹굼으로 마무리한 다음에 키친타월로 물기를 제거해 랩으로 포장하면 더욱 반짝이고 투명한 상태로 보관할 수 있습니다.

마카롱 비누
Macaron Soap

MP SOAP LEVEL ●●●●○

ingredient

완성품 용량 : 약 30g 3개

재료	용량	비고
화이트 비누 베이스	85g	코크용
	15g	크림 휘핑용
정제수	4g	코크용
	10g	크림 휘핑용
에센셜 오일	1ml	레몬
식용색소	소량	민트, 바이올렛, 핑크
티타늄디옥사이드 분말(비누용)	소량	정제수에 풀어놓은 액상형
옥수수전분	10g	–

basic tools

가열기구, 전자레인지
디지털 저울, 디지털 온도계
비커, 스푼, 니트릴 장갑
실리콘 몰드(마카롱 몰드)
미니거품기, 비닐 짤주머니, 원형 깍지, 가위

— HOW TO MAKE —

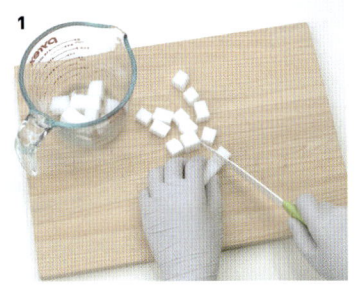

1

화이트 비누 베이스를 작게 자른 후 핫 플레이트의 약한 열로 서서히 녹입니다.

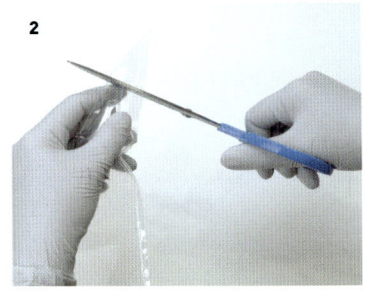

2

비닐 짤주머니에 원형 깍지를 끼워 준비해둡니다.

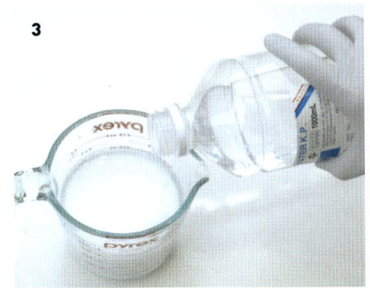

3

녹여둔 비누액에 정제수를 첨가하여 섞어줍니다.

4

비누액에 에센셜 오일을 첨가하고 섞어줍니다.

5

코크 6개 분량의 비누액 85g에 정제수 4g을 넣고 티타늄디옥사이드(액상)와 식용색소를 넣어 컬러를 만듭니다.

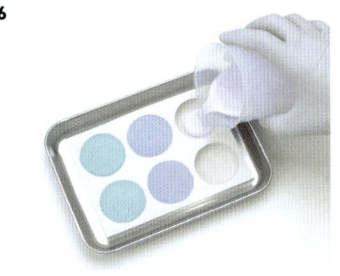

6

비누액을 몰드에 넣고 비누가 완전히 굳으면 몰드에서 꺼냅니다.

크림 휘핑용 비누액 15g에 정제수 10g 과 옥수수전분을 넣고 미니 거품기로 휘핑합니다.

남은 비누액(코크와 크림 접착용)을 약간 뜨거울 정도로 재가열합니다.

휘핑한 비누액이 생크림과 비슷한 점도가 되면 원형 깍지를 끼워둔 비닐 짤주머니에 넣습니다.

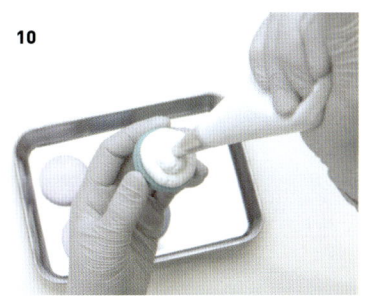
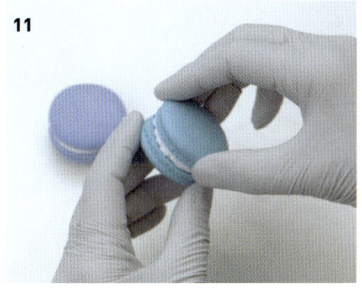
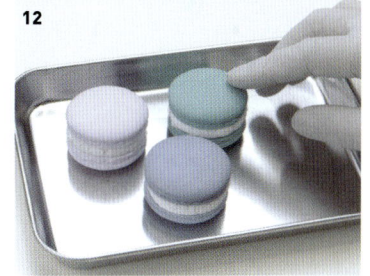

과정 8의 접착용 비누액을 코크에 조금 펴 바른 후 그 위에 크림을 짭니다.

크림 위에 접착용 비누액을 조금 올리고 코크로 살며시 누르면서 덮어 완성합니다.

과정 10~11을 반복하여 나머지도 완성한 후 랩으로 포장하여 보관합니다.

- 과정 8의 약간 뜨겁게 가열한 비누액은 코크와 크림 부분이 잘 붙을 수 있도록 접착제 역할을 합니다.
- MP비누를 만들고 남은 비누액은 버리지 말고 마카롱 몰드에 부어 코크를 만들어 두면 차후에 크림 부분만 만들어 간단하게 마카롱 비누를 완성할 수 있습니다.
- 크림 휘핑이 굳으면 전자레인지에 살짝 녹여 다시 휘핑합니다.

PART 2

피부에 좋은
식물성 오일로
완성!

심플 CP비누

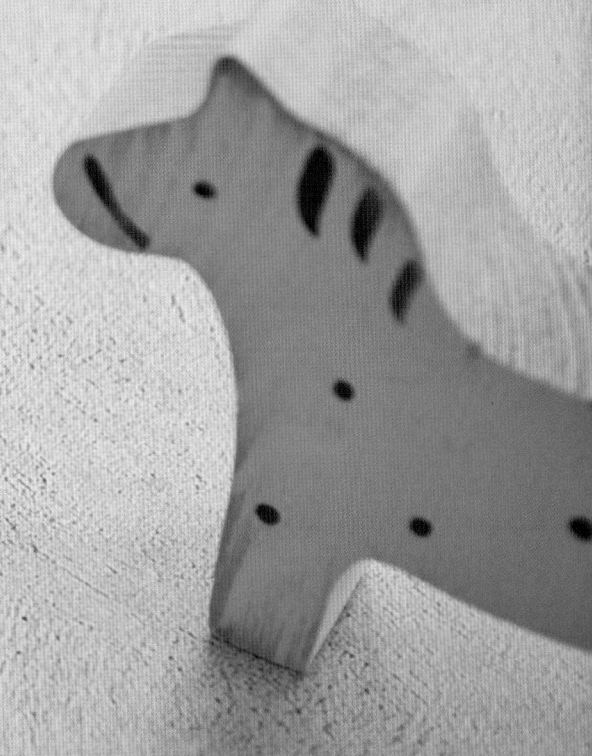

CP비누 만들기 일러두기

○ **가성소다는 디스카운트를 하지 않았습니다.**
  – 비누 만들 때 사용하는 시약용 가성소다의 순도는 보통 98~93%로 이미 2~7%가 디스카운트된 것과 동일합니다. 가성소다는 공기와 접촉하게 되면 순도는 점점 낮아집니다.
  – 책에서는 순도를 98%로 정하고 나머지 부족한 2%를 계산하여 채웠습니다.

○ **1kg의 비누를 완성하기 위해 베이스 오일은 700~750g으로 계량합니다.**
  – 포화지방산의 비율에 따라 정제수의 양을 다르게 잡으면 오일의 양은 차이가 있습니다.
  – 베이스 오일 중 포화지방산이 많은 오일(코코넛, 팜, 라드 등)을 먼저 계량하고 60~62℃로 가열한 후 나머지 오일을 계량하면 베이스 오일의 온도를 떨어뜨리는 시간을 줄일 수 있습니다.

○ **베이스 오일의 온도는 포화지방산의 비율에 따라 다릅니다.**
  – 포화지방산의 비율이 높은 레시피는 베이스 오일의 온도를 낮춘 후 가성소다 수용액과 교반을 합니다.
  – 포화지방산의 비율이 43% 이상일 경우에는 베이스 오일의 온도를 30℃ 내외로 맞추면 보온 시 열 발생을 최소화할 수 있습니다. 포화지방산의 비율이 더 높을 경우 교반 온도를 더 낮춰도 됩니다.

○ **가성소다 수용액을 만들때 정제수는 얼음과 정제수를 같이 사용하면 편리합니다.**
  – 정제수 총량의 80% 정도 얼음을 사용하면 가성소다 수용액을 식혀야 하는 시간을 줄일 수 있습니다.
  – 얼음은 시중에 판매하는 식용얼음을 구입하거나 정수기물, 생수, 정제수, 증류수 등을 직접 얼려서 사용합니다.
  – 정제수 역시 정수기물, 생수, 정제수, 증류수 중 어떤 것을 사용해도 무방합니다.
  – 가성소다 수용액의 온도를 더 식혀야 할 경우는 얼음을 100% 사용합니다.
  – 정제수를 대체하여 첨가하는 워터류(와인, 산양유, 원액 등)도 미리 얼린 후 사용하면 편리합니다.
  – 비누 만들 때 가성소다 수용액의 온도는 크게 중요하지 않습니다. 실온의 온도면 충분합니다.

○ 가성소다를 녹일 때 뚜껑이 있는 폴리프로필렌(PP) 재질의 용기를 사용하면 냄새 없이 안전하게 녹일 수 있습니다.
  – 용기에 얼음과 정제수를 계량하여 가성소다를 넣고 곧바로 뚜껑을 닫은 후 흔들어 가성소다 수용액을 만듭니다.
  – 바로 흔들지 않으면 작은 덩어리들이 녹지 않은 채 남아 있을 수 있습니다. 이때 잠시 두면 완전히 녹습니다.
  – 뚜껑이 있는 튼튼한 유리병을 사용해도 됩니다.
  – 가성소다 수용액의 온도가 높이 오르지 않아야 하는 경우(정제수 대체 워터류)는 뚜껑이 없는 용기나 비커에 얼음을 100% 사용하고 가성소다를 조금씩 넣어가며 저어서 완전히 녹입니다.

○ 거품기보다는 핸드 블렌더를 추천합니다.
  – 베이스 오일과 가성소다 수용액이 제대로 섞이려면 거품기보다는 핸드 블렌더를 추천합니다.
  – 간혹 거품기 사용이 서툰 초보자의 경우 베이스 오일과 가성소다 수용액이 제대로 섞이지 않아 비누의 완성도가 떨어지는 상황이 종종 발생하므로 완벽한 교반을 위해 핸드 블렌더를 사용하는 것을 권합니다.

○ 첨가물 및 에센셜 오일은 생략해도 됩니다.
  – 비누 1kg을 완성하는 데 에센셜 오일은 보통 1~2% 첨가합니다. 에센셜 오일의 종류에 따라 다르지만 2% 정도 첨가하면 비누를 다 사용할 때까지 은은한 향을 유지할 수 있습니다.
  – 향수 비누를 만들기 위해서는 3%까지도 첨가합니다.
  – 에센셜 오일과 첨가물(분말류, 색소 등)은 선택 재료로 이를 생략해도 비누를 완성할 수 있습니다.

○ 보온 시 온도는 비누액의 온도와 작업환경, 계절에 따라 모두 다릅니다.
  – 여름에는 실온에 두어도 충분히 보온이 이루어집니다.
  – 보온고(온장고) 또는 스티로폼 박스를 사용하기도 하며, 내부 온도에 따라 문이나 뚜껑을 조금 열어두어야 하는 경우도 있습니다.
  – 여름이나 겨울철에는 실내 온도에 따라 차이가 크므로 작업하는 환경의 온도를 미리 체크해 두는 것이 좋습니다.

CP 베이직 비누
CP Basic Soap

CP SOAP   LEVEL ●○○○○

ingredient

완성품 용량 : 약 1,015g

베이스 오일

오일류	용량	오일 구성 비율	비고
코코넛	160g	22.9%	-
팜	160g	22.9%	-
스위트아몬드	80g	11.4%	-
옥수수배아	100g	14.3%	-
올리브	200g	28.5%	퓨어 또는 엑스트라 버진
합계	700g	100%	

가성소다 수용액

재료	용량	비고
가성소다(순도 98%)	106.4g	디스카운트 없음
정제수(28%)	196g	얼음 156g 내외 + 나머지 정제수

첨가 재료

종류	비고
에센셜 오일(20ml)	라벤더 16ml + 파출리 4ml

지방산 구성 비율

포화지방산(37.2%)				불포화지방산(59%)				기타(3.8%)
라우르산	미리스트산	팔미트산	스테아르산	리시놀레산	올레산	리놀레산	리놀렌산	기타
11.0%	4.6%	18.6%	3.0%	0%	43.1%	15.5%	0.4%	3.8%

basic tools

가열기구, 핸드 블렌더, 디지털 저울, 디지털 온도계
비커, 스크류 용기, 실리콘 주걱, 스푼, 채, 니트릴 장갑
실리콘 몰드(1kg용)

HOW TO MAKE

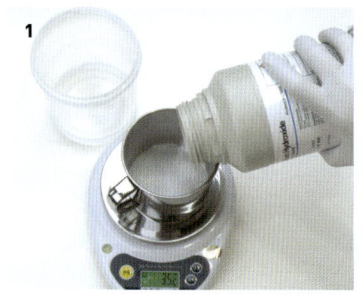

1. 스크류 용기에 얼음과 정제수를 계량하고 작은 스테인리스 비커에 가성소다를 계량합니다.

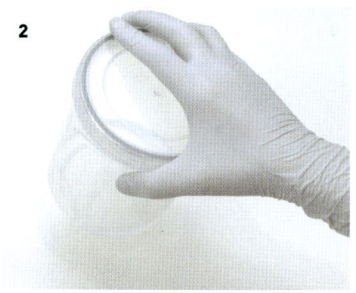

2. 정제수에 가성소다를 넣고 곧바로 뚜껑을 닫은 후 흔들어 가성소다 수용액을 만듭니다.

3. 포화지방산이 많은 오일(코코넛, 팜, 라드 등)을 먼저 계량하고 60~62℃로 가열합니다.

4. 나머지 베이스 오일도 계량하고 40℃가 되도록 온도를 맞춥니다.

5. 가성소다 수용액을 채로 걸러 베이스 오일에 넣습니다(가성소다 수용액의 온도는 30~40℃가 적절함).

6. 실리콘 주걱으로 2분 정도 가볍게 저어줍니다.

핸드 블렌더의 속도를 저속으로 작동시켜 골고루 섞어줍니다.

에센셜 오일을 첨가하고 실리콘 주걱으로 충분히 저어줍니다.

3단계 트레이스 시점까지 자연스럽게 진행되도록 시간을 두고 천천히 비누액을 저어줍니다.

비누액의 트레이스 상태를 확인한 후 준비한 실리콘 몰드에 비누액을 모두 넣습니다.

실리콘 몰드의 뚜껑을 닫고 보온을 시작합니다.

12 보온이 끝난 비누는 원하는 사이즈로 커팅하고 4주 이상 충분히 건조기간을 거친 후 사용합니다.

13 커팅 후 6~8주 충분히 건조된 비누는 진공포장을 해두면 오랜 시간 깔끔한 상태로 보관할 수 있습니다.

메리골드 마르세유 비누
Marigold Marseille Soap

CP SOAP

LEVEL ●○○○○

ingredient

완성품 용량 : 약 500g

베이스 오일

오일류	용량	오일 구성 비율	비고
코코넛	63g	18%	엑스트라 버진 코코넛
팜	35g	10%	-
올리브	200g	72%	-
	52g		메리골드 인퓨즈드 오일
합계	350g	100%	

가성소다 수용액

재료	용량	비고
가성소다(순도 98%)	51.7g	디스카운트 없음
정제수(27%)	94g	얼음 75g 내외 + 나머지 정제수

첨가 재료

종류	비고
에센셜 오일(10ml)	라벤더

지방산 구성 비율

포화지방산(31.4%)				불포화지방산(65.7%)				기타(2.9%)
라우르산	미리스트산	팔미트산	스테아르산	리시놀레산	올레산	리놀레산	리놀렌산	기타
8.6%	3.5%	16.1%	3.2%	0%	55.0%	10.0%	0.7%	2.9%

basic tools

가열기구, 핸드 블렌더, 디지털 저울, 디지털 온도계
비커, 스크류 용기, 실리콘 주걱, 스푼, 채, 니트릴 장갑
아크릴 몰드 또는 실리콘 몰드(500g용)

HOW TO MAKE

· 준비 과정 ·

메리골드 허브(또는 허브 분말)와 올리브 오일을 3주 정도 인퓨즈드한 오일

1
스크류 용기에 얼음과 정제수를 계량하고 작은 스테인리스 비커에 가성소다를 계량합니다.

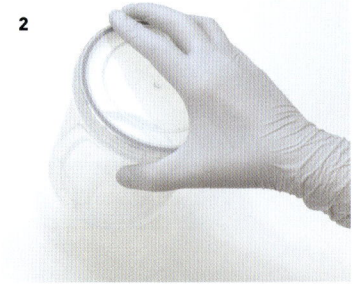

2
정제수에 가성소다를 넣고 곧바로 뚜껑을 닫은 후 흔들어 가성소다 수용액을 만듭니다.

3
포화지방산이 많은 오일(코코넛, 팜, 라드 등)을 먼저 계량하고 60~62℃로 가열합니다.

4
나머지 베이스 오일도 계량하고 40℃가 되도록 온도를 맞춥니다.

5
가성소다 수용액을 채로 걸러 베이스 오일에 넣습니다(가성소다 수용액의 온도는 30~40℃가 적절함).

6
실리콘 주걱으로 2분 정도 가볍게 저어줍니다.

7

핸드 블렌더의 속도를 저속으로 작동시켜 골고루 섞어줍니다.

8

에센셜 오일을 첨가하고 실리콘 주걱으로 충분히 저어줍니다.

9

3단계 트레이스 시점까지 자연스럽게 진행되도록 시간을 두고 천천히 비누액을 저어줍니다.

10

준비한 아크릴 몰드에 비누액을 모두 넣습니다.

11

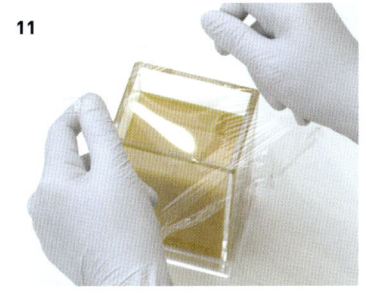

아크릴 몰드의 입구를 랩으로 덮고 보온을 시작합니다.

12 보온이 끝난 비누는 원하는 사이즈로 커팅하고 4주 이상 충분히 건조기간을 거친 후 사용합니다.

13 커팅 후 6~8주 충분히 건조된 비누는 진공포장을 해두면 오랜 시간 깔끔한 상태로 보관할 수 있습니다.

○ 우리나라에서 흔히 금잔화라고 부르는 메리골드는 아기들의 기저귀 발진을 완화시키고 지성 피부의 과도한 피지를 억제하는 데에도 도움을 준다고 알려져 있습니다. 메리골드를 인퓨즈드한 오일은 진한 옐로 컬러입니다.

비타민E 샤워 바
Vitamin-E Shower Bar

CP SOAP

LEVEL ●○○○○

ingredient

완성품 용량 : 약 510g

베이스 오일

오일류	용량	오일 구성 비율	비고
코코넛	105g	30%	엑스트라 버진 코코넛
레드팜	105g	30%	-
동백	105g	30%	-
해바라기씨	35g	10%	아나토시드 인퓨즈드 오일
합계	350g	100%	

가성소다 수용액

재료	용량	비고
가성소다(순도 98%)	54.8g	디스카운트 없음
정제수(29%)	101g	얼음 101g

에센셜 오일

총 용량	블렌딩 레시피
10ml	라벤더 4ml + 스위트오렌지 5ml + 시나몬바크 1ml

지방산 구성 비율

포화지방산(43.1%)				불포화지방산(51.9%)				기타(5.0%)
라우르산	미리스트산	팔미트산	스테아르산	리시놀레산	올레산	리놀레산	리놀렌산	기타
14.4%	6.0%	19.3%	3.4%	0%	38.8%	13.0%	0.1%	5.0%

basic tools

가열기구, 핸드 블렌더, 디지털 저울, 디지털 온도계
비커, 스크류 용기, 실리콘 주걱, 스푼, 채, 니트릴 장갑
실리콘 몰드(500g용)

HOW TO MAKE

• 준비 과정 •

아나토시드와 해바라기씨 오일을 3주 정도 인퓨즈드한 오일

1

스크류 용기에 얼음을 계량하고 작은 스테인리스 비커에 가성소다를 계량합니다.

2

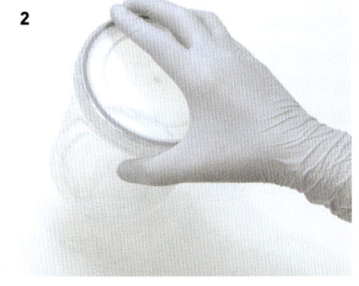

얼음에 가성소다를 넣고 곧바로 뚜껑을 닫은 후 흔들어 가성소다 수용액을 만듭니다.

3

포화지방산이 많은 오일(코코넛, 팜, 라드 등)을 먼저 계량하고 60~62℃로 가열합니다.

4

나머지 베이스 오일도 계량하고 30℃가 되도록 온도를 맞춥니다.

5

가성소다 수용액을 채로 걸러 베이스 오일에 넣습니다(가성소다 수용액의 온도는 30℃가 적절함).

6

실리콘 주걱으로 2분 정도 가볍게 저어줍니다.

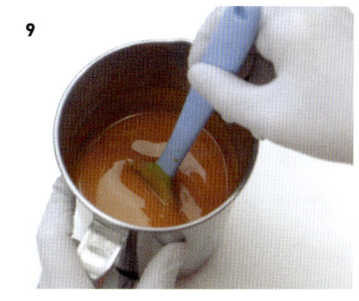

7 핸드 블렌더의 속도를 저속으로 작동시켜 골고루 섞어줍니다.

8 에센셜 오일을 첨가하고 실리콘 주걱으로 충분히 저어줍니다.

9 3단계 트레이스 시점까지 자연스럽게 진행되도록 시간을 두고 천천히 비누액을 저어줍니다.

10 비누액의 트레이스 상태를 확인한 후 준비한 실리콘 몰드에 비누액을 모두 넣습니다.

11 실리콘 몰드의 뚜껑을 닫고 보온을 시작합니다.

12 보온이 끝난 비누는 원하는 사이즈로 커팅하고 4주 이상 충분히 건조기간을 거친 후 사용합니다.

13 커팅 후 6~8주 충분히 건조된 비누는 진공포장을 해두면 오랜 시간 깔끔한 상태로 보관할 수 있습니다.

아나토시드 인퓨즈드 오일 만들기

- **재료** 아나토시드 50g, 해바라기씨 오일 150g(원하는 오일로 선택 가능), 비타민 E
- **도구** 밀폐 유리병, 랩, 다시백, 보관용기

1. 깨끗하게 소독한 밀폐 유리병에 아나토시드를 넣습니다.

2. 해바라기씨 오일을 넣습니다(원하는 오일로 대체할 수 있습니다).

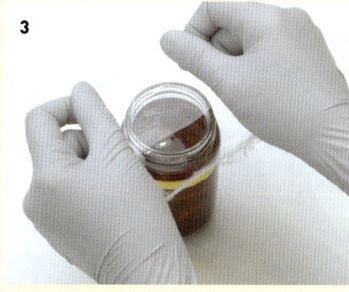

3. 랩을 씌웁니다.

4. 뚜껑을 꼭 닫은 후 햇빛이 잘 드는 창가에 둡니다(1~2일에 한두 번 흔들어 줍니다).

5. 약 3주정도 지나면 다시백에 거른 후 보관용기에 담습니다.

6. 비타민E를 1~2% 정도 넣고 충분히 흔듭니다.

7. 직사광선을 피해 서늘한 곳에 보관하고 필요할 때마다 꺼내 사용합니다.

 tip
- 메리골드, 카렌듈라 등의 허브로도 인퓨즈드 오일을 만들 수 있습니다.
- 허브가 충분히 잠길 정도로 오일을 넣고 밀폐합니다.
- 4~6주 후에 거른 후 위와 같은 방법으로 보관하고 필요할 때마다 꺼내 사용합니다.

카스틸 비누 1 (엑스트라 버진 코코넛 오일 100%)

Castile Soap(Extra Virgin Coconut Oil 100%)

CP SOAP

LEVEL ●○○○○

ingredient

완성품 용량 : 약 500g

베이스 오일

오일류	용량	오일 구성 비율	비고
코코넛	320g	100%	엑스트라 버진 코코넛
합계	320g	100%	

가성소다 수용액

재료	용량	비고
가성소다(순도 98%)	58.3g	-6% 디스카운트
정제수(35%)	112g	얼음 112g

첨가 재료

종류	비고
에센셜 오일(10ml)	라벤더

지방산 구성 비율

포화지방산(79.0%)				불포화지방산(10.0%)				기타(11.0%)
라우르산	미리스트산	팔미트산	스테아르산	리시놀레산	올레산	리놀레산	리놀렌산	기타
48.0%	19.0%	9.0%	3.0%	0%	8.0%	2.0%	0%	11.0%

basic tools

가열기구, 핸드 블렌더, 디지털 저울, 디지털 온도계
비커, 스크류 용기, 실리콘 주걱, 스푼, 채, 니트릴 장갑
실리콘 몰드(다구 몰드)

HOW TO MAKE

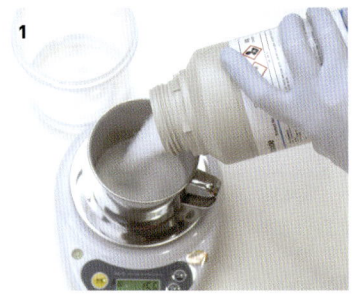
1
스크류 용기에 얼음을 계량하고 작은 스테인리스 비커에 가성소다를 계량합니다.

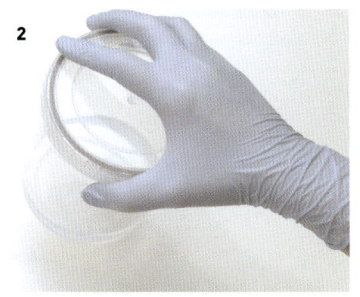
2
얼음에 가성소다를 넣고 곧바로 뚜껑을 닫은 후 흔들어 가성소다 수용액을 만듭니다.

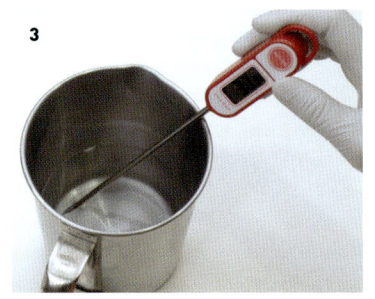
3
엑스트라 버진 코코넛 오일을 계량하고 28℃가 되도록 온도를 맞춥니다.

4
가성소다 수용액을 채로 걸러 베이스 오일에 넣습니다(가성소다 수용액의 온도는 28℃가 적절함).

5
실리콘 주걱으로 2분 정도 가볍게 저어줍니다.

6
핸드 블렌더의 속도를 저속으로 작동시켜 골고루 섞어줍니다.

tip

- 포화지방산이 대부분을 차지하는 엑스트라 버진 코코넛 100% 비누는 보온 시 온도가 높아집니다. 이를 컨트롤하기 위해 낮은 온도에서 오일과 가성소다 수용액을 섞는 방법을 적용하였습니다.
- 코코넛 100% 비누는 보통 18시간 안에 비누 보온이 끝나게 됩니다. 비누가 단단하므로 보온이 끝난 후 바로 커팅을 하며 만능 커터기 또는 주방용 칼이나 과도를 사용합니다.
- 커팅 과정을 생략하고 싶을 때는 다구 몰드를 사용하면 편리합니다. 이때는 커팅 과정이 생략되므로 정제수의 양을 줄여도 됩니다.
- 대용량 몰드에 넣어 완성할 때는 커팅을 위해 정제수의 양을 41~42%로 할 것을 추천합니다.

에센셜 오일을 첨가하고 실리콘 주걱으로 충분히 저어줍니다.

3단계 트레이스 시점까지 자연스럽게 진행되도록 시간을 두고 천천히 비누액을 저어줍니다.

준비한 실리콘 몰드에 비누액을 모두 넣습니다.

몰드의 뚜껑이 없을 경우에는 스티로폼 박스에 넣습니다.

스티로폼 박스의 뚜껑을 닫고 보온을 시작합니다.

12 보온이 끝난 비누는 몰드에서 꺼내 4주 이상 충분히 건조기간을 거친 후 사용합니다.

13 6~8주 충분히 건조된 비누는 진공포장을 해두면 오랜 시간 깔끔한 상태로 보관할 수 있습니다.

카스틸 비누 2(동백 오일 100%)//Castile Soap(Camellia Oil 100%)

CP SOAP

LEVEL ●○○○○

ingredient

완성품 용량 : 약 515g

베이스 오일

오일류	용량	오일 구성 비율	비고
동백	370g	100%	-
합계	370g	100%	

가성소다 수용액

재료	용량	비고
가성소다(순도 98%)	51.3g	디스카운트 없음
정제수(23%)	85g	얼음 68g 내외 + 나머지 정제수

첨가 재료

종류	비고
에센셜 오일(10ml)	라벤더
천연분말(5g)	캐모마일

지방산 구성 비율

포화지방산(11.0%)				불포화지방산(85.0%)				기타(4.0%)
라우르산	미리스트산	팔미트산	스테아르산	리시놀레산	올레산	리놀레산	리놀렌산	기타
0%	0%	9.0%	2.0%	0%	77.0%	8.0%	0%	4.0%

basic tools

가열기구, 핸드 블렌더, 디지털 저울, 디지털 온도계
비커, 스크류 용기, 실리콘 주걱, 스푼, 채, 니트릴 장갑
실리콘 몰드(500g용)

HOW TO MAKE

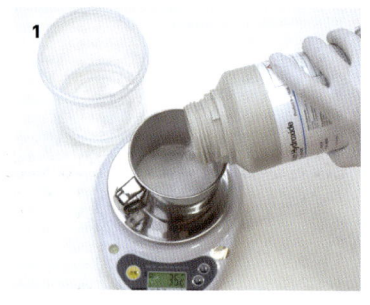

1
스크류 용기에 얼음과 정제수를 계량하고 작은 스테인리스 비커에 가성소다를 계량합니다.

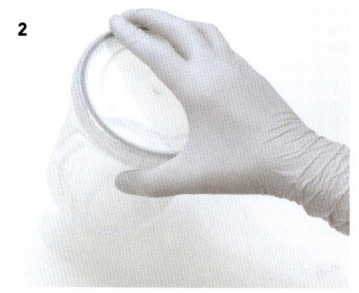

2
정제수에 가성소다를 넣고 곧바로 뚜껑을 닫은 후 흔들어 가성소다 수용액을 만듭니다.

3
동백오일을 계량하고 42℃가 되도록 온도를 맞춥니다.

4
가성소다 수용액을 채로 걸러 베이스 오일에 넣습니다(가성소다 수용액의 온도는 30~40℃가 적절함).

5
실리콘 주걱으로 2분 정도 가볍게 저어줍니다.

6
캐모마일 분말을 첨가합니다.

tip

- 비누에 첨가할 천연분말이 1가지일 경우, 오일과 가성소다 수용액을 섞기 전에 오일에 미리 첨가하거나, 핸드 블렌더를 사용하기 전에 첨가하면 분말이 뭉치지 않아 비누를 좀 더 깔끔하게 완성할 수 있습니다.
- 첨가 재료인 분말은 생략할 수 있습니다.
- 불포화지방산이 많은 카스틸 비누는 트레이스 시점까지의 시간이 다소 오래 걸립니다.

7

핸드 블렌더의 속도를 저속으로 작동시켜 골고루 섞어줍니다.

8

에센셜 오일을 첨가하고 실리콘 주걱으로 충분히 저어줍니다.

9

3단계 트레이스 시점까지 자연스럽게 진행되도록 시간을 두고 천천히 비누액을 저어줍니다.

10

비누액의 트레이스 상태를 확인한 후 준비한 실리콘 몰드에 비누액을 모두 넣습니다.

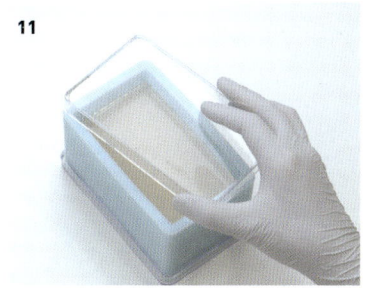

11

실리콘 몰드의 뚜껑을 닫고 보온을 시작합니다.

12 보온이 끝난 비누는 원하는 사이즈로 커팅하고 4주 이상 충분히 건조기간을 거친 후 사용합니다.

13 커팅 후 6~8주 충분히 건조된 비누는 진공포장을 해두면 오랜 시간 깔끔한 상태로 보관할 수 있습니다.

클레이 큐브 비누

Clay Cube Soap

CP SOAP

LEVEL ●○○○○

ingredient

완성품 용량 : 약 1,620g

베이스 오일

오일류	용량	오일 구성 비율	비고
코코넛	270g	24.6%	-
팜	270g	24.6%	-
마카다미아 너트	130g	11.8%	-
아보카도	150g	13.6%	-
올리브	150g	13.6%	-
해바라기씨	130g	11.8%	-
합계	1,100g		

가성소다 수용액

재료	용량	비고
가성소다(순도 98%)	168.3g	디스카운트 없음
정제수(28%)	308g	얼음 245g 내외 + 나머지 정제수

첨가 재료

종류	비고
에센셜 오일(30ml)	페티그레인 9ml + 팔마로사 12ml + 로즈우드 9ml
천연분말 각 2g	클레이 9종(그린, 가슬, 레드, 로즈, 벤토나이트, 옐로, 카올린, 핑크, 화이트)
베이스 오일 각 3g	마카다미아 너트
옥사이드	티타늄디옥사이드 액상(비누용)

지방산 구성 비율

포화지방산(39.9%)				불포화지방산(52.7%)				기타(7.4%)
라우르산	미리스트산	팔미트산	스테아르산	리시놀레산	올레산	리놀레산	리놀렌산	기타
11.8%	4.9%	19.5%	3.7%	0%	37.7%	14.7%	0.3%	7.4%

basic tools

가열기구, 핸드 블렌더, 디지털 저울, 디지털 온도계
비커, 스크류 용기, 실리콘 주걱, 스푼, 채, 니트릴 장갑
실리콘 몰드(큐브 9구)

HOW TO MAKE

1
스크류 용기에 얼음과 정제수를 계량하고 작은 스테인리스 비커에 가성소다를 계량합니다.

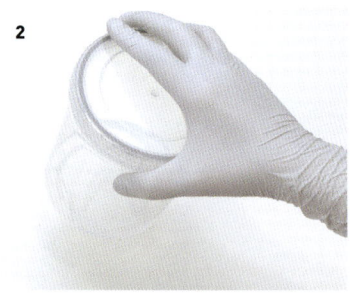

2
정제수에 가성소다를 넣고 곧바로 뚜껑을 닫은 후 흔들어 가성소다 수용액을 만듭니다.

3
포화지방산이 많은 오일(코코넛, 팜, 라드 등)을 먼저 계량하고 60~62℃로 가열합니다.

4
나머지 베이스 오일도 계량하고 40℃가 되도록 온도를 맞춥니다.

5
가성소다 수용액을 채로 걸러 베이스 오일에 넣습니다(가성소다 수용액의 온도는 30~40℃가 적절함).

6
실리콘 주걱으로 2분 정도 가볍게 저어줍니다.

7
핸드 블렌더의 속도를 저속으로 작동시켜 골고루 섞어줍니다.

8
에센셜 오일을 첨가하고 실리콘 주걱으로 충분히 저어줍니다.

9
2단계 트레이스 시점까지 자연스럽게 진행되도록 시간을 두고 천천히 비누액을 저어줍니다.

티타늄디옥사이드 액상(비누용) 10g을 넣고 저어줍니다.

플라스틱 비커에 클레이 분말 1종 2g과 마카다미아 너트 오일 3g을 계량하여 골고루 섞어줍니다.

과정 11에 비누액 175g을 덜어 골고루 저어줍니다.

실리콘 몰드 한 칸에 넣고 작은 실리콘 주걱으로 깨끗하게 긁어 넣습니다.

사용한 플라스틱 비커에 다른 종류의 클레이 분말을 넣고 과정 11~13을 반복합니다.

9종류의 비누액을 모두 몰드에 넣습니다.

―― HOW TO MAKE ――

16

실리콘 몰드의 뚜껑을 닫고 보온을 시 작합니다.

17 보온이 끝난 비누는 몰드에서 꺼내 4주 이상 충분히 건조기간을 거친 후 사용합니다.

18 6~8주 충분히 건조된 비누는 진공포장을 해두면 오랜 시간 깔끔한 상태로 보관할 수 있습니다.

○ 과정 11에서 사용하는 오일은 올리브, 해바라기씨, 마카다미아 너트 등 원하는 오일을 선택하여 첨가할 수 있습니다.

히말라야 핑크 솔트 비누

Himalayan Pink Salt Soap

CP SOAP

LEVEL ●○○○○

ingredient

완성품 용량 : 약 530g

베이스 오일

오일류	용량	오일 구성 비율	비고
코코넛	240g	80%	엑스트라 버진 코코넛
팜	30g	10%	-
동백	30g	10%	-
합계	300g	100%	

가성소다 수용액

재료	용량	비고
가성소다(순도 98%)	52.8g	-4% 디스카운트
정제수(38%)	114g	얼음 114g

첨가 재료

종류	비고
에센셜 오일(10ml)	라벤더 5ml + 스피아민트 5ml
천연분말	로즈 클레이(핑크 클레이로 대체 가능)
솔트(60g)	히말라야 핑크 솔트(베이스 오일 총량의 20%)
옥사이드	티타늄디옥사이드 액상(비누용)

지방산 구성 비율

포화지방산(69.3%)				불포화지방산(21.4%)				기타(9.3%)
라우르산	미리스트산	팔미트산	스테아르산	리시놀레산	올레산	리놀레산	리놀렌산	기타
38.4%	15.3%	12.5%	3.1%	0%	18.0%	3.4%	0%	9.3%

basic tools

가열기구, 핸드 블렌더, 디지털 저울, 디지털 온도계

비커, 스크류 용기, 실리콘 주걱, 스푼, 채, 니트릴 장갑

실리콘 몰드(4구 몰드)

미니 믹서

HOW TO MAKE

·준비 과정·

로즈 클레이 분말을 해바라기씨 오일에 미리 개어둔다(243쪽 분말과 오일의 희석비율 참조).

1

스크류 용기에 얼음을 계량하고 작은 스테인리스 비커에 가성소다를 계량합니다.

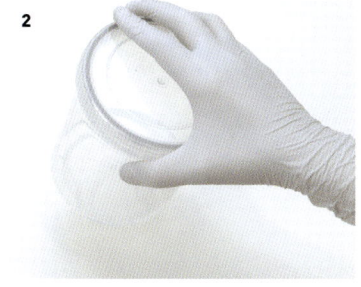

2

얼음에 가성소다를 넣고 곧바로 뚜껑을 닫은 후 흔들어 가성소다 수용액을 만듭니다.

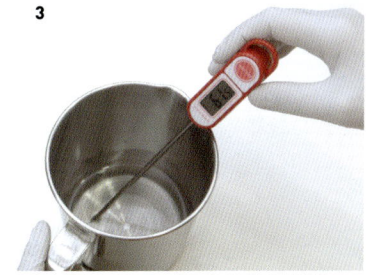

3

포화지방산이 많은 오일(코코넛, 팜, 라드 등)을 먼저 계량하고 60~62℃로 가열합니다.

4

나머지 베이스 오일도 계량하고 30℃가 되도록 온도를 맞춥니다.

5

가성소다 수용액을 채로 걸러 베이스 오일에 넣습니다(가성소다 수용액의 온도는 30℃가 적절함).

6

실리콘 주걱으로 2분 정도 가볍게 저어줍니다.

HOW TO MAKE

7 핸드 블렌더의 속도를 저속으로 작동시켜 골고루 섞어줍니다.

8 에센셜 오일을 첨가하고 실리콘 주걱으로 충분히 저어줍니다.

9 3단계 트레이스 시점까지 자연스럽게 진행되도록 시간을 두고 천천히 비누액을 저어줍니다.

10 미니 믹서로 히말라야 핑크 솔트를 곱게 갈아줍니다.

11 갈아놓은 솔트를 비누액에 모두 넣고 저어줍니다.

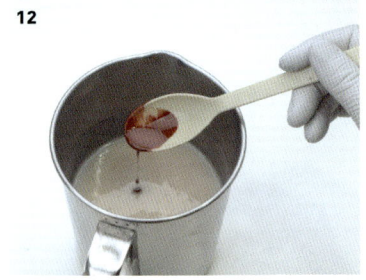

12 아래 표의 용량대로 비누액에 첨가하고 골고루 섞어둡니다.

컬러별 비누액 배분

컬러	비누액	첨가물 종류	액상 첨가물	비고
핑크	모두	로즈 클레이	2g	오일에 개어둔 액상
		티타늄디옥사이드 액상(비누용)	1g	-

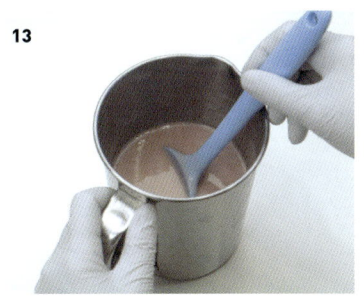

13 솔트가 덜 풀어진 채로 뭉쳐 있지 않은지 골고루 저으며 확인합니다.

14 비누액을 실리콘 몰드에 모두 넣은 후 뚜껑을 닫고 보온을 시작합니다.

15 보온이 끝난 비누는 몰드에서 꺼내 습도가 낮은 곳에서 충분한 건조기간을 거친 후 사용합니다.

16 6~8주 충분히 건조된 비누는 진공포장을 해두면 오랜 시간 깔끔한 상태로 보관할 수 있습니다.

- 솔트가 첨가된 비누는 표면에 물방울이 맺히기 쉽습니다. 습도가 낮은 계절에 만드는 것이 좋습니다.
- 건조기간이 지난 후에는 진공포장을 하거나 밀폐 용기에 실리카겔을 넣어 보관하는 방법이 있습니다.
- 솔트는 천일염, 사해소금, 크리스털 솔트, 엡섬 솔트 등으로 대체 가능합니다.
- 코코넛 오일 용량이 많은 레시피는 과정 4처럼 베이스 오일 온도를 낮추면 비누 보온 시 온도가 높이 올라가는 것을 어느 정도 컨트롤할 수 있습니다.
- 솔트 비누는 완성 후 커팅하면 표면이 매끄럽지 않습니다. 대용량 몰드보다는 적절한 사이즈의 1구 몰드로 만들기를 추천합니다.

천연 주방 비누
Natural Dish-Wash Soap

CP SOAP LEVEL ●○○○○

ingredient

완성품 용량 : 약 1,090g

베이스 오일

오일류	용량	오일 구성 비율	비고
코코넛	490g	70%	-
팜	140g	20%	-
피마자	70g	10%	-
합계	700g	100%	

가성소다 수용액

재료	용량	비고
가성소다(순도 98%)	124.3g	디스카운트 없음
정제수(36%)	252g	얼음 252g

에센셜 오일

총 용량	블렌딩 레시피	비고
10ml	레몬 10m	비누 총량의 1%

지방산 구성 비율

포화지방산(65.3%)				불포화지방산(26.6%)				기타(8.1%)
라우르산	미리스트산	팔미트산	스테아르산	리시놀레산	올레산	리놀레산	리놀렌산	기타
33.6%	13.5%	15.1%	3.1%	9.0%	13.8%	3.8%	0%	8.1%

basic tools

가열기구, 핸드 블렌더, 디지털 저울, 디지털 온도계
비커, 스크류 용기, 실리콘 주걱, 스푼, 채, 니트릴 장갑
아크릴 몰드

HOW TO MAKE

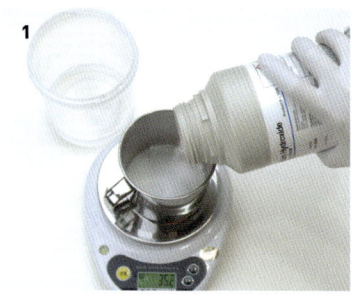

1. 스크류 용기에 얼음을 계량하고 작은 스테인리스 비커에 가성소다를 계량합니다.

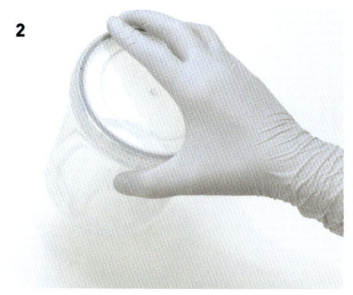

2. 얼음에 가성소다를 넣고 곧바로 뚜껑을 닫은 후 흔들어 가성소다 수용액을 만듭니다.

3. 포화지방산이 많은 오일(코코넛, 팜, 라드 등)을 먼저 계량하고 60℃로 가열합니다.

4. 나머지 베이스 오일도 계량하고 30℃가 되도록 온도를 맞춥니다.

5. 가성소다 수용액을 채로 걸러 베이스 오일에 넣습니다(가성소다 수용액의 온도는 30℃가 적절함).

6. 실리콘 주걱으로 2분정도 가볍게 저어줍니다.

7

핸드 블렌더의 속도를 저속으로 작동하여 골고루 섞어줍니다.

8

에센셜 오일을 첨가하고 실리콘 주걱으로 충분히 저어줍니다.

9

3단계 트레이스 시점까지 자연스럽게 진행되도록 시간을 두고 천천히 비누액을 저어줍니다.

10

비누액의 트레이스 상태를 확인한 후 준비한 아크릴 몰드에 비누액을 모두 넣습니다.

11

아크릴 몰드의 입구를 랩으로 덮고 보온을 시작합니다.

12 보온이 끝난 비누는 원하는 사이즈로 커팅하고 5일 후부터 사용합니다.

tip

- 주방 비누는 만든 후 5일 정도 지나면 바로 사용해도 되며 같은 레시피로 세탁 비누를 만들어서 사용할 수 있습니다.
- 식기에 묻은 기름기를 휴지로 먼저 가볍게 닦아낸 후 비누를 사용하면 좀 더 쉽게 기름때를 제거할 수 있습니다.
- 주방 비누는 단단하므로 보온이 끝난 후 바로 커팅을 하며 만능 커터기 또는 주방용 칼이나 과도를 사용합니다. 커팅 과정을 생략하고 싶을 때는 다구 몰드를 사용하면 편리합니다.

천연 세탁 비누
Natural Laundry Soap

CP SOAP

LEVEL ●○○○○

ingredient

완성품 용량 : 약 1,150g

베이스 오일

오일류	용량	오일 구성 비율	비고
코코넛	300g	40%	-
팜	150g	20%	-
라드	100g	13.3%	-
콩	200g	26.7%	-
합계	750g	100%	

가성소다 수용액

재료	용량	비고
가성소다(순도 98%)	121.4g	디스카운트 없음
정제수(32%)	240g	얼음 240g

에센셜 오일

총 용량	블렌딩 레시피	비고
20ml	레몬 10ml + 유칼립투스 10ml	비누 총량의 2%

첨가 재료

종류	용량	비고
중조(베이킹소다)	33g	비누 총량의 3%

지방산 구성 비율

포화지방산(51.5%)				불포화지방산(42.6%)				기타(5.9%)
라우르산	미리스트산	팔미트산	스테아르산	리시놀레산	올레산	리놀레산	리놀렌산	기타
19.2%	7.9%	19.1%	5.3%	0%	23.5%	16.9%	2.1%	5.9%

basic tools

가열기구, 핸드 블렌더, 디지털 저울, 디지털 온도계
비커, 스크류 용기, 실리콘 주걱, 스푼, 채, 니트릴 장갑
실리콘 몰드(1kg용)

HOW TO MAKE

1
스크류 용기에 얼음을 계량하고 작은 스테인리스 비커에 가성소다를 계량합니다.

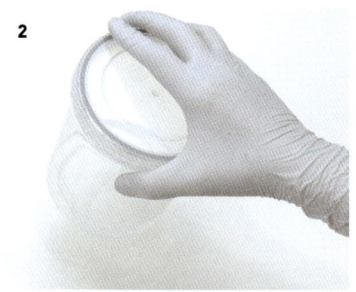

2
얼음에 가성소다를 넣고 곧바로 뚜껑을 닫은 후 흔들어 가성소다 수용액을 만듭니다.

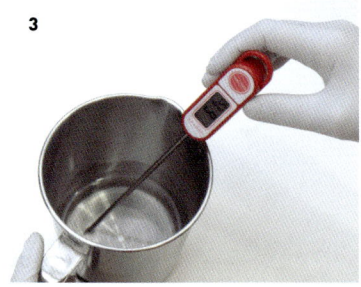

3
포화지방산이 많은 오일(코코넛, 팜, 라드 등)을 먼저 계량하고 60℃로 가열합니다.

4
나머지 베이스 오일도 계량하고 30℃가 되도록 온도를 맞춥니다.

5
가성소다 수용액을 채로 걸러 베이스 오일에 넣습니다(가성소다 수용액의 온도는 30℃가 적절함).

6
실리콘 주걱으로 2분 정도 가볍게 저어준 후 중조(베이킹소다)를 첨가합니다.

핸드 블렌더의 속도를 저속으로 작동시켜 골고루 섞어줍니다.

에센셜 오일을 첨가하고 실리콘 주걱으로 충분히 저어줍니다.

3단계 트레이스 시점까지 자연스럽게 진행되도록 시간을 두고 천천히 비누액을 저어줍니다.

비누액의 트레이스 상태를 확인한 후 준비한 실리콘 몰드에 비누액을 모두 넣습니다.

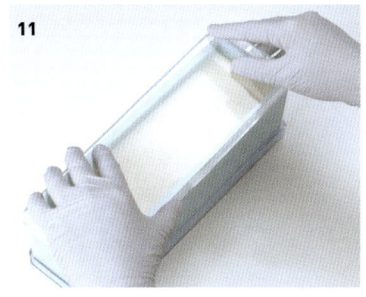
실리콘 몰드의 뚜껑을 닫고 보온을 시작합니다.

12 보온이 끝난 비누는 원하는 사이즈로 커팅하고 5일 후부터 사용합니다.

tip

- 가로 폭은 좁고 높이는 두껍게 커팅하면 한 손에 잡고 사용하기에 편리합니다.
- 세탁 비누는 만든 후 5일 정도 지나면 바로 사용해도 됩니다.
- 세탁 비누는 단단하므로 보온이 끝난 후 바로 커팅을 하며 만능 커터기 또는 주방용 칼이나 과도를 사용합니다. 커팅 과정을 생략하고 싶을 때는 다구 몰드를 사용하면 편리합니다.
- 라드 오일이 없을 경우 팜 오일로 대체할 수 있습니다(가성소다 합계값은 동일합니다).

PART 3

———

좀더
유니크하게
완성!

디자인
CP비누

3단층 레이어드 비누
Three Layered Soap

CP DESIGN SOAP

LEVEL ●●○○○

ingredient

완성품 용량 : 약 1,010g

베이스 오일

오일류	용량	오일 구성 비율	비고
코코넛	180g	25.7%	-
팜	180g	25.7%	-
녹차씨	100g	14.3%	-
살구씨	160g	22.9%	-
해바라기씨	80g	11.4%	-
합계	700g	100%	

가성소다 수용액

재료	용량(g)	비고
가성소다(순도 98%)	107.8g	디스카운트 없음
정제수(28%)	196g	얼음 156g 내외 + 나머지 정제수

첨가 재료

종류	비고
에센셜 오일(20ml)	라벤더 10ml + 시더우드 5ml + 파인 5ml
천연분말	몰로키아, 숯, 코코아, 호박
옥사이드	그린크롬, 머스타드옐로, 티타늄디옥사이드 액상(비누용)

지방산 구성 비율

포화지방산(37.2%)				불포화지방산(57.9%)				기타(4.8%)
라우르산	미리스트산	팔미트산	스테아르산	리시놀레산	올레산	리놀레산	리놀렌산	기타
12.3%	5.1%	16.9%	2.8%	0%	39.1%	18.7%	0.1%	4.8%

basic tools

가열기구, 핸드 블렌더, 디지털 저울, 디지털 온도계

비커, 스크류 용기, 실리콘 주걱, 스푼, 채, 니트릴 장갑

실리콘 몰드(1kg용)

사각형 아크릴(비누 윗면 정리용)

HOW TO MAKE

· 준비 과정 ·

몰로키아, 숯, 코코아, 호박 분말을 각각 해바라기씨 오일에 미리 개어둔다(243쪽 분말과 오일의 희석비율 참조).

1
스크류 용기에 얼음과 정제수를 계량하고 작은 스테인리스 비커에 가성소다를 계량합니다.

2
정제수에 가성소다를 넣고 곧바로 뚜껑을 닫은 후 흔들어 가성소다 수용액을 만듭니다.

3
포화지방산이 많은 오일(코코넛, 팜, 라드 등)을 먼저 계량하고 60~62℃로 가열합니다.

4
나머지 베이스 오일도 계량하고 40℃가 되도록 온도를 맞춥니다.

5
가성소다 수용액을 채로 걸러 베이스 오일에 넣습니다(가성소다 수용액의 온도는 30~40℃가 적절함).

6
실리콘 주걱으로 2분 정도 가볍게 저어줍니다.

7
핸드 블렌더의 속도를 저속으로 작동시켜 골고루 섞어줍니다.

8
에센셜 오일을 첨가하고 실리콘 주걱으로 충분히 저어줍니다.

9
4단계 트레이스 시점까지 자연스럽게 진행되도록 시간을 두고 천천히 비누액을 저어줍니다.

10
플라스틱 비커에 비누액을 아래와 같이 나누고 각각의 분말을 첨가하여 골고루 섞어둡니다.

11
스푼을 이용하여 브라운 컬러의 비누액을 모두 실리콘 몰드에 떠 넣습니다.

12
같은 방법으로 그린 컬러의 비누액을 모두 떠 넣습니다.

컬러별 비누액 배분

컬러	비누액	첨가물 종류	액상 첨가물	비고
브라운	330g	코코아	6g	오일에 개어둔 액상
		숯	1g	오일에 개어둔 액상
그린	330g	몰로키아	4g	오일에 개어둔 액상
		그린크롬옥사이드 액상(비누용)	1g	–
		티타늄디옥사이드 액상(비누용)	10방울	–
옐로	360g	호박	6g	오일에 개어둔 액상
		머스터드옐로옥사이드 액상(비누용)	1g	–
		티타늄디옥사이드 액상(비누용)	10방울	–

── HOW TO MAKE ──

13
마지막으로 옐로 컬러의 비누액을 떠 넣습니다.

14
사각형 아크릴로 비누 윗면을 쌓아서 정리합니다.

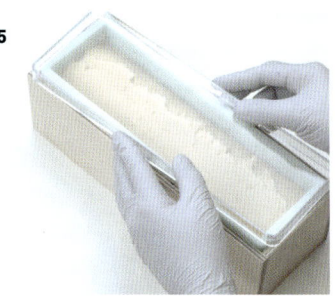
15
실리콘 몰드의 뚜껑을 닫고 보온을 시작합니다.

16 보온이 끝난 비누는 원하는 사이즈로 커팅하고 4주 이상 충분히 건조기간을 거친 후 사용합니다.

17 커팅 후 6~8주 충분히 건조된 비누는 진공포장을 해두면 오랜 시간 깔끔한 상태로 보관할 수 있습니다.

tip
- 트레이스를 많이 낸 후 스푼으로 떠 넣으면 짧은 시간에 쉽게 층 비누를 완성할 수 있습니다.
- 과정 14에서 사각형 아크릴이 없는 경우에는 폼보드, 두꺼운 종이, 실리콘 주걱, 플라스틱 스푼 등으로 대체할 수 있습니다.

오너먼트 퍼퓸 비누
Ornament Perfume Soap

CP DESIGN SOAP

LEVEL ●●○○○

ingredient

완성품 용량 : 약 540g

베이스 오일

오일류	용량	오일 구성 비율	비고
코코넛	150g	41.7%	-
팜	150g	41.7%	-
마카다미아 너트	60g	16.6%	-
합계	360g	100%	

가성소다 수용액

재료	용량	비고
가성소다(순도 98%)	58g	-2% 디스카운트
정제수(34%)	122g	얼음 97g 내외 + 나머지 정제수

첨가 재료

종류	비고
에센셜 오일(15ml)	라벤더 5ml + 제라늄 5m + 팔마로사 5mll
천연분말	숯, 천연발효쪽, 황토
옥사이드	티타늄디옥사이드 액상(비누용)

지방산 구성 비율

포화지방산(56.1%)				불포화지방산(34.8%)				기타(9.2%)
라우르산	미리스트산	팔미트산	스테아르산	리시놀레산	올레산	리놀레산	리놀렌산	기타
20.0%	8.3%	23.6%	4.2%	0%	29.4%	5.3%	0%	9.2%

basic tools

가열기구, 핸드 블렌더, 디지털 저울, 디지털 온도계
비커, 스크류 용기, 실리콘 주걱, 스푼, 채, 니트릴 장갑
실리콘 몰드(레이스 몰드, 태블릿 몰드)
장식 끈

— HOW TO MAKE —

· 준비 과정 ·

숯, 천연발효쪽, 황토 분말을 각각 해바라기씨 오일에 미리 개어둔다(243쪽 분말과 오일의 희석비율 참조).

1
스크류 용기에 얼음과 정제수를 계량하고 작은 스테인리스 비커에 가성소다를 계량합니다.

2
정제수에 가성소다를 넣고 곧바로 뚜껑을 닫은 후 흔들어 가성소다 수용액을 만듭니다.

3
포화지방산이 많은 오일(코코넛, 팜, 라드 등)을 먼저 계량하고 60~62℃로 가열합니다.

4
나머지 베이스 오일도 계량하고 40℃가 되도록 온도를 맞춥니다.

5
가성소다 수용액을 채로 걸러 베이스 오일에 넣습니다(가성소다 수용액의 온도는 30~40℃가 적절함).

6
실리콘 주걱으로 2분 정도 가볍게 저어줍니다.

HOW TO MAKE

7

핸드 블렌더의 속도를 저속으로 작동하여 골고루 섞어줍니다.

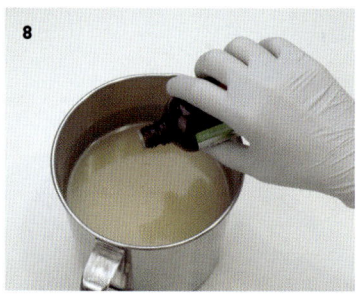

8

에센셜 오일을 첨가하고 실리콘 주걱으로 충분히 저어줍니다.

9

2단계 트레이스 시점까지 자연스럽게 진행되도록 시간을 두고 천천히 비누액을 저어줍니다.

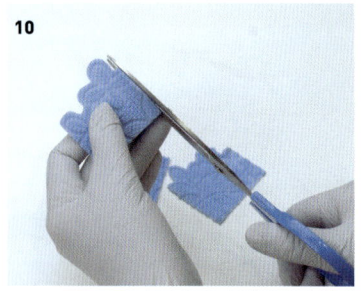

10

레이스 몰드를 실리콘 몰드 사이즈에 맞게 재단합니다.

11

재단한 레이스 몰드를 실리콘 몰드의 바닥에 밀착시켜 준비해둡니다.

12

플라스틱 비커에 비누액을 아래와 같이 나누고 각각의 분말을 첨가하여 골고루 섞어둡니다.

컬러별 비누액 배분

컬러	비누액	첨가물 종류	액상 첨가물	비고
그레이	180g	숯	1g	오일에 개어둔 액상
		티타늄디옥사이드 액상(비누용)	1g	–
네이비	180g	천연발효쪽	1g	오일에 개어둔 액상
		티타늄디옥사이드 액상(비누용)	1g	–
황토	180g	황토	2g	오일에 개어둔 액상
		티타늄디옥사이드 액상(비누용)	1g	–

13 각각의 비누액을 몰드에 넣습니다.

14 실리콘 몰드의 뚜껑을 닫고 보온을 시작합니다.

15 보온이 끝난 비누는 장식 끈으로 매달아 걸어둡니다.

- 오너먼트 퍼퓸 비누를 좁은 공간에 걸어 두면 방향제 역할을 합니다.
- 완성 후 4~6주의 시간이 지나면 언제든지 비누로 사용할 수 있습니다.

골드 마블 숯 비누
Gold Marble Charcoal Soap

CP DESIGN SOAP LEVEL ●●○○○

ingredient

완성품 용량 : 약 1,070g

베이스 오일

오일류	용량	오일 구성 비율	비고
코코넛	490g	70%	–
살구씨	60g	8.6%	–
헤이즐넛	150g	21.4%	–
합계	700g	100%	

가성소다 수용액

재료	용량	비고
가성소다(순도 98%)	121.4g	-2% 디스카운트
정제수(34%)	238g	얼음 238g

첨가 재료

종류	비고
에센셜 오일(20ml)	라벤더 7ml + 레몬 6ml + 티트리 7ml
천연분말(10g)	숯
마이카	골드

지방산 구성 비율

포화지방산(57.5%)				불포화지방산(33.2%)				기타(9.3%)
라우르산	미리스트산	팔미트산	스테아르산	리시놀레산	올레산	리놀레산	리놀렌산	기타
33.6%	13.3%	7.9%	2.7%	0%	27.3%	5.9%	0%	9.3%

basic tools

가열기구, 핸드 블렌더, 디지털 저울, 디지털 온도계
비커, 스크류 용기, 실리콘 주걱, 스푼, 채, 니트릴 장갑
실리콘 몰드(1kg용)
미니 인퓨저

HOW TO MAKE

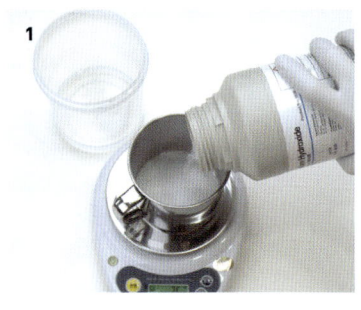

1
스크류 용기에 얼음을 계량하고 작은 스테인리스 비커에 가성소다를 계량합니다.

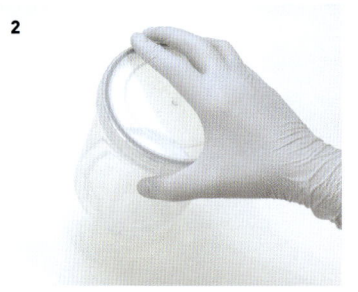

2
얼음에 가성소다를 넣고 곧바로 뚜껑을 닫은 후 흔들어 가성소다 수용액을 만듭니다.

3
엑스트라 버진 코코넛 오일을 먼저 계량하고 35℃로 가열합니다.

4
나머지 베이스 오일도 계량하고 30℃가 되도록 온도를 맞춥니다.

5
가성소다 수용액을 채로 걸러 베이스 오일에 넣습니다(가성소다 수용액의 온도는 30℃가 적절함).

6
실리콘 주걱으로 2분 정도 가볍게 저어줍니다.

7
숯 분말을 첨가한 후 핸드 블렌더의 속도를 저속으로 작동시켜 골고루 섞어줍니다.

8
에센셜 오일을 첨가하고 실리콘 주걱으로 충분히 저어줍니다.

9
4단계 트레이스 시점까지 자연스럽게 진행되도록 시간을 두고 천천히 비누액을 저어줍니다.

비누액 450g을 실리콘 몰드에 넣습니다.

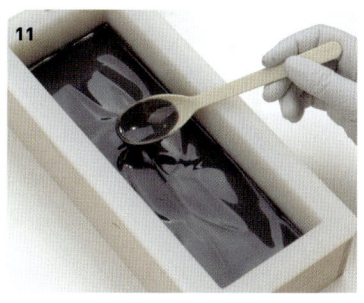

플라스틱 스푼으로 비누 윗면에 불규칙적인 모양으로 굴곡을 내어줍니다.

인퓨저에 마이카를 반 스푼정도 넣고 비누 윗면이 완전히 덮이도록 골고루 뿌립니다.

플라스틱 스푼으로 남은 비누액을 모두 떠 넣고 윗면을 정리합니다.

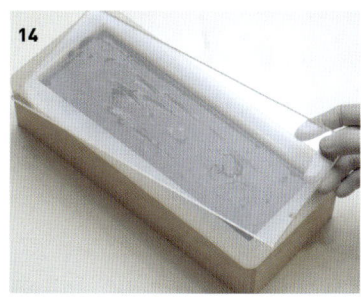

실리콘 몰드의 뚜껑을 닫고 보온을 시작합니다.

15 보온이 끝난 비누는 원하는 사이즈로 커팅하고 4주 이상 충분히 건조기간을 거친 후 사용합니다.

16 커팅 후 6~8주 충분히 건조된 비누는 진공포장을 해두면 오랜 시간 깔끔한 상태로 보관할 수 있습니다.

tip

- 보온이 끝난 비누는 골드라인 중심으로 가로 커팅을 합니다.
- 비누가 조금 단단한 편이므로 보온이 끝난 후 바로 커팅을 합니다.

해피 크리스마스 비누
Happy Christmas Soap

CP DESIGN SOAP

LEVEL ●●○○○

ingredient

완성품 용량 : 약 500g

베이스 오일

오일류	용량	오일 구성 비율	비고
코코넛	90g	25.7%	-
팜	90g	25.7%	-
스위트아몬드	50g	14.3%	-
옥수수배아	40g	11.4%	-
올리브	80g	22.9%	-
합계	350g	100%	

가성소다 수용액

재료	용량	비고
가성소다(순도 98%)	53.8g	디스카운트 없음
정제수(28%)	98g	얼음 78g 내외 + 나머지 정제수

첨가 재료

종류	비고
에센셜 오일(10ml)	라벤더 10ml
천연분말	로즈 클레이, 화이트 클레이
마이카	골드
옥사이드	레드, 티타늄디옥사이드 액상(비누용)

지방산 구성 비율

포화지방산(39.7%)				불포화지방산(56.2%)				기타(4.1%)
라우르산	미리스트산	팔미트산	스테아르산	리시놀레산	올레산	리놀레산	리놀렌산	기타
12.3%	5.1%	19.2%	3.0%	0%	41.7%	14.2%	0.3%	4.1%

basic tools

가열기구, 핸드 블렌더, 디지털 저울, 디지털 온도계

비커, 스크류 용기, 실리콘 주걱, 스푼, 채, 니트릴 장갑

실리콘 몰드(500g용)

사각형 아크릴(비누 윗면 정리용), 별 모양 고명틀(미니), 핀셋

HOW TO MAKE

• 준비 과정 •

로즈 클레이, 화이트 클레이 분말을 해바라기씨 오일에 미리 개어둔다(243쪽 분말과 오일의 희석비율 참조).

별 모양 고명틀을 이용해 별 모양 자투리 비누를 커팅한 후 마이카(골드)를 묻혀서 준비해둔다.

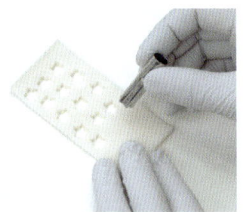 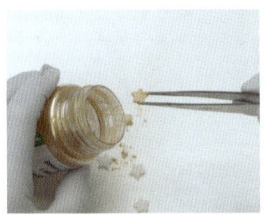

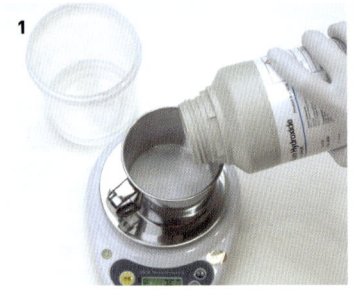

1 스크류 용기에 얼음과 정제수를 계량하고 작은 스테인리스 비커에 가성소다를 계량합니다.

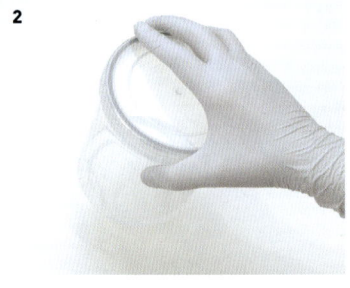

2 정제수에 가성소다를 넣고 곧바로 뚜껑을 닫은 후 흔들어 가성소다 수용액을 만듭니다.

3 포화지방산이 많은 오일(코코넛, 팜, 라드 등)을 먼저 계량하고 60~62℃로 가열합니다.

4 나머지 베이스 오일도 계량하고 40℃가 되도록 온도를 맞춥니다.

5 가성소다 수용액을 채로 걸러 베이스 오일에 넣습니다(가성소다 수용액의 온도는 30~40℃가 적절함).

6 실리콘 주걱으로 2분 정도 가볍게 저어줍니다.

7

핸드 블렌더의 속도를 저속으로 작동하여 골고루 섞어줍니다.

8

에센셜 오일을 첨가하고 실리콘 주걱으로 충분히 저어줍니다.

9

2단계 트레이스 시점까지 자연스럽게 진행되도록 시간을 두고 천천히 비누액을 저어줍니다.

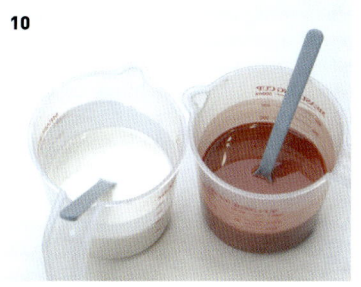

10

플라스틱 비커에 비누액을 아래와 같이 나누고 각각의 분말을 첨가하여 골고루 섞어둡니다.

11

화이트 컬러의 비누액을 모두 실리콘 몰드에 넣습니다.

12

비누액 윗면이 살짝 굳을 때까지 몰드의 뚜껑을 닫고 잠시 보온합니다. 이때 레드 컬러의 비누액을 가끔씩 저어줍니다.

컬러별 비누액 배분

컬러	비누액	첨가물 종류	액상 첨가물	비고
화이트	250g	화이트 클레이	5g	-
		티타늄디옥사이드 액상(비누용)	3g	-
레드	250g	로즈 클레이	2g	오일에 개어둔 액상
		레드옥사이드 액상(비누용)	10방울	-

HOW TO MAKE

13

비누 윗면이 굳었으면 그 위에 레드 컬러의 비누액을 모두 스푼으로 떠 넣습니다.

14

사각형 아크릴로 비누 윗면을 쌓아서 정리합니다.

15

준비해둔 별 모양의 비누를 마이카(골드)에 묻힌 후 핀셋을 사용하여 비누 윗면에 장식합니다.

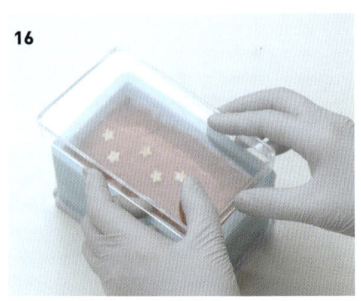

16

실리콘 몰드의 뚜껑을 닫고 보온을 시작합니다.

17 보온이 끝난 비누는 원하는 사이즈로 커팅하고 4주 이상 충분히 건조기간을 거친 후 사용합니다.

18 커팅 후 6~8주 충분히 건조된 비누는 진공포장을 해두면 오랜 시간 깔끔한 상태로 보관할 수 있습니다.

○ 여기서 소개하는 방법은 층이 많을수록 시간이 걸리지만 층과 층 사이를 직선으로 깔끔하게 표현할 수 있는 방법입니다.

스파이럴 비누
Spiral Soap

CP DESIGN SOAP

LEVEL ●●●○○

ingredient

완성품 용량 : 약 1,220g

베이스 오일

오일류	용량	오일 구성 비율	비고
코코넛	170g	24.3%	–
팜	170g	24.3%	–
스위트아몬드	80g	11.4%	–
올리브	200g	28.6%	–
해바라기씨	80g	11.4%	–
합계	700g	100%	

가성소다 수용액

재료	용량	비고
가성소다(순도 98%)	106.8g	디스카운트 없음
정제수(28%)	196g	얼음 156g 내외 + 나머지 정제수

첨가 재료

종류	비고
에센셜 오일(20ml)	라벤더 10ml + 유칼립투스 10ml
옥사이드	티타늄디옥사이드 액상(비누용)

지방산 구성 비율

포화지방산(38.2%)				불포화지방산(57.9%)				기타(3.9%)
라우르산	미리스트산	팔미트산	스테아르산	리시놀레산	올레산	리놀레산	리놀렌산	기타
11.7%	4.9%	18.5%	3.3%	0%	41.1%	16.4%	0.4%	3.9%

basic tools

가열기구, 핸드 블렌더, 디지털 저울, 디지털 온도계
비커, 스크류 용기, 실리콘 주걱, 스푼, 채, 니트릴 장갑
실리콘 몰드(1kg용)
비누 슬라이서 또는 치즈 슬라이서 서버

HOW TO MAKE

· 준비 과정 ·

두께를 1~2mm로 얇게 슬라이스 커팅한 비누

1

스크류 용기에 얼음과 정제수를 계량하고 작은 스테인리스 비커에 가성소다를 계량합니다.

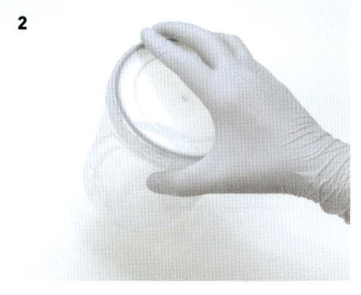

2

정제수에 가성소다를 넣고 곧바로 뚜껑을 닫은 후 흔들어 가성소다 수용액을 만듭니다.

3

포화지방산이 많은 오일(코코넛, 팜, 라드 등)을 먼저 계량하고 60~62℃로 가열합니다.

4

나머지 베이스 오일도 계량하고 40℃가 되도록 온도를 맞춥니다.

5

가성소다 수용액을 채로 걸러 베이스 오일에 넣습니다(가성소다 수용액의 온도는 30~40℃가 적절함).

6

실리콘 주걱으로 2분 정도 가볍게 저어줍니다.

HOW TO MAKE

7

핸드 블렌더의 속도를 저속으로 작동하여 골고루 섞어줍니다.

8

에센셜 오일을 첨가하고 실리콘 주걱으로 충분히 저어줍니다.

9

2단계 트레이스 시점까지 자연스럽게 진행되도록 시간을 두고 천천히 비누액을 저어줍니다.

10

아래와 같이 분말을 첨가하여 골고루 섞어둡니다.

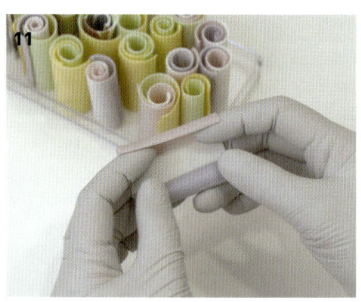

11

얇게 슬라이스 커팅해둔 비누를 돌돌 말아서 준비합니다.

12

화이트 컬러의 비누액을 모두 실리콘 몰드에 넣습니다.

컬러별 비누액 배분

컬러	비누액	첨가물 종류	액상 첨가물	비고
화이트	모두	티타늄디옥사이드 액상(비누용)	25g	-

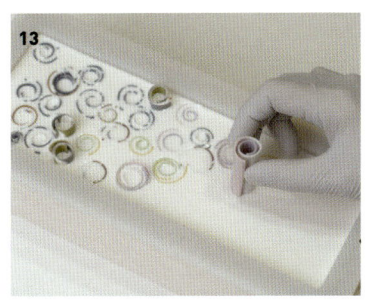 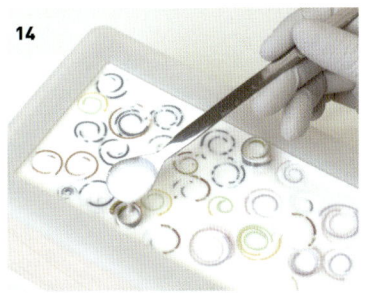 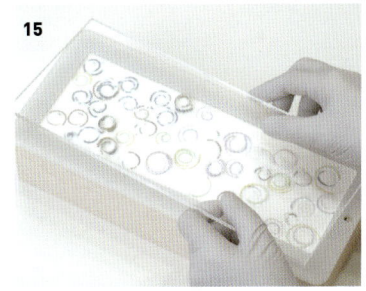

원하는 위치에 과정 11의 비누를 꽂아 세워둡니다.	스푼으로 비누액을 떠서 스파이럴 모양 윗부분의 빈 공간을 채워줍니다.	실리콘 몰드의 뚜껑을 닫고 보온을 시작합니다.

16 보온이 끝난 비누는 원하는 사이즈로 커팅하고 4주 이상 충분히 건조기간을 거친 후 사용합니다.

17 커팅 후 6~8주 충분히 건조된 비누는 진공포장을 해두면 오랜 시간 깔끔한 상태로 보관할 수 있습니다.

tip
- 스파이럴 모양을 낼 때 레이어드 비누나 마블 비누를 얇게 슬라이스 커팅하여 사용하면 좀 더 컬러플한 디자인의 비누로 완성할 수 있습니다.
- 비누 옆면을 트리밍하고 남은 자투리를 활용할 수도 있습니다.
- 보온이 끝난 비누는 가로 커팅을 합니다.

상면 드로잉 비누

Top Drawing Soap

CP DESIGN SOAP

LEVEL ●●●○○

ingredient

완성품 용량 : 약 700g

베이스 오일

오일류	용량	오일 구성 비율	비고
코코넛	130g	26.5%	-
팜	130g	26.5%	-
마카다미아 너트	50g	10.2%	-
살구씨	130g	26.5%	-
해바라기씨	50g	10.2%	-
합계	490g	100%	

가성소다 수용액

재료	용량	비고
가성소다(순도 98%)	75.7g	디스카운트 없음
정제수(28%)	137g	얼음 110g 내외 + 나머지 정제수

첨가 재료

종류	비고
에센셜 오일(13ml)	제라늄 3ml + 클라리세이지 7ml + 파출리 3ml
천연분말	쑥, 진주
옥사이드	그린크롬, 티타늄디옥사이드 액상(비누용)

지방산 구성 비율

포화지방산(38.4%)				불포화지방산(55.4%)				기타(6.2%)
라우르산	미리스트산	팔미트산	스테아르산	리시놀레산	올레산	리놀레산	리놀렌산	기타
12.7%	5.3%	17.3%	3.0%	0%	37.6%	17.7%	0.1%	6.2%

basic tools

가열기구, 핸드 블렌더, 디지털 저울, 디지털 온도계

비커, 스크류 용기, 실리콘 주걱, 스푼, 채, 니트릴 장갑

실리콘 몰드(1kg용)

나무 꼬치

HOW TO MAKE

· 준비 과정 ·

쑥 분말을 해바라기씨 오일에 미리 개어둔다(243쪽 분말과 오일의 희석비율 참조).

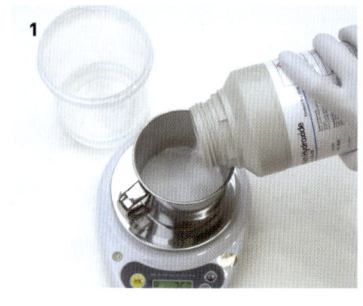

1

스크류 용기에 얼음과 정제수를 계량하고 작은 스테인리스 비커에 가성소다를 계량합니다.

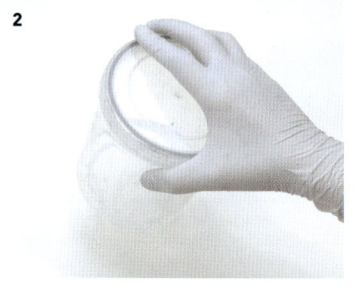

2

정제수에 가성소다를 넣고 곧바로 뚜껑을 닫은 후 흔들어 가성소다 수용액을 만듭니다.

3

포화지방산이 많은 오일(코코넛, 팜, 라드 등)을 먼저 계량하고 60~62℃로 가열합니다.

4

나머지 베이스 오일도 계량하고 40℃가 되도록 온도를 맞춥니다.

5

가성소다 수용액을 채로 걸러 베이스 오일에 넣습니다(가성소다 수용액의 온도는 30~40℃가 적절함).

6

실리콘 주걱으로 2분 정도 가볍게 저어줍니다.

7

핸드 블렌더의 속도를 저속으로 작동하여 골고루 섞어줍니다.

8

에센셜 오일을 첨가하고 실리콘 주걱으로 충분히 저어줍니다.

9

2단계 트레이스 시점까지 자연스럽게 진행되도록 시간을 두고 천천히 비누액을 저어줍니다.

10

플라스틱 비커에 비누액을 아래와 같이 나누고 각각의 분말을 첨가하여 골고루 섞어둡니다.

11

그린 컬러의 비누액 500g을 몰드에 넣습니다.

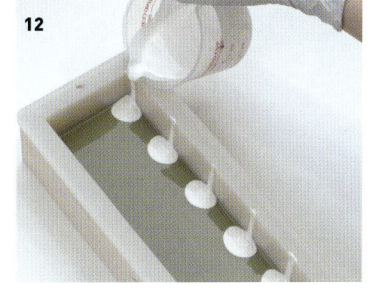

12

서로 겹치지 않는 5곳의 위치에 벽을 타고 흐르도록 화이트 컬러의 비누액을 넣습니다.

컬러별 비누액 배분

컬러	비누액	첨가물 종류	액상 첨가물	비고
그린	600g	쑥	10g	오일에 개어둔 액상
		그린크롬옥사이드	2g	-
		티타늄디옥사이드 액상(비누용)	1g	-
화이트	100g	진주	2g	오일에 개어둔 액상
		티타늄디옥사이드 액상(비누용)	1g	-

HOW TO MAKE

과정 12의 위에 그린 컬러의 비누액을 같은 방법으로 넣습니다.

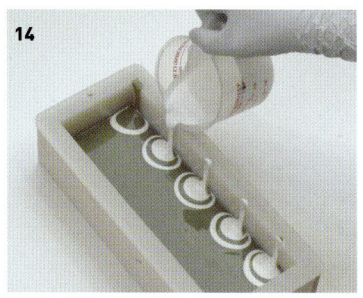

과정 12~13을 한 번 더 반복합니다.

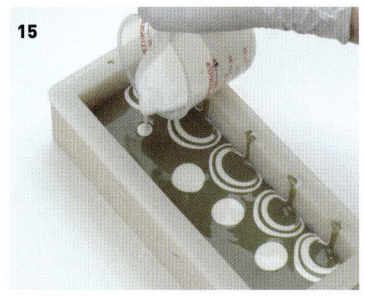

몰드의 세로폭 중간지점 4곳의 위치에 화이트 컬러의 비누액을 넣습니다.

과정 15의 위에 그린 컬러의 비누액을 같은 방법으로 넣습니다.

과정 15~16을 한 번 더 반복합니다. 나무 꼬치를 이용하여 동그란 그림의 중심에서 바깥방향으로 끌어 라인이 따라오도록 합니다.

나머지 동그란 그림도 같은 방법으로 반복합니다.

실리콘 몰드의 뚜껑을 닫고 보온을 시작합니다.

20 보온이 끝난 비누는 원하는 사이즈로 커팅하고 4주 이상 충분히 건조기간을 거친 후 사용합니다.

21 커팅 후 6~8주 충분히 건조된 비누는 진공포장을 해두면 오랜 시간 깔끔한 상태로 보관할 수 있습니다.

○ 보온이 끝난 비누는 가로 커팅을 합니다.

산양유 파우더 비누
Goat Milk Powder Soap

CP DESIGN SOAP

LEVEL ●●●○○

ingredient

완성품 용량 : 약 1,020g

베이스 오일

오일류	용량	오일 구성 비율	비고
코코넛	150g	21.4%	-
팜	150g	21.4%	-
동백	100g	14.3%	-
옥수수배아	100g	14.3%	-
올리브	200g	28.6%	-
합계	700g	100%	

가성소다 수용액

재료	용량	비고
가성소다(순도 98%)	105.8g	디스카운트 없음
정제수(28%)	196g	얼음 156g 내외 + 나머지 정제수

첨가 재료

종류	비고
에센셜 오일(20ml)	라벤더 20ml
천연분말	산양유 파우더 15g
	칼라민, 레드 샌달우드, 청대
옥사이드	티타늄디옥사이드 액상(비누용)

지방산 구성 비율

포화지방산(36.1%)				불포화지방산(60.2%)				기타(3.7%)
라우르산	미리스트산	팔미트산	스테아르산	리시놀레산	올레산	리놀레산	리놀렌산	기타
10.3%	4.3%	18.4%	3.1%	0%	45.4%	14.4%	0.4%	3.7%

basic tools

가열기구, 핸드 블렌더, 디지털 저울, 디지털 온도계

비커, 스크류 용기, 실리콘 주걱, 스푼, 채, 니트릴 장갑

실리콘 몰드(1kg용)

뾰족한 비커, 사각형 아크릴(비누 윗면 정리용)

HOW TO MAKE

· 준비 과정 ·

칼라민, 레드 샌달우드, 청대 분말을 각각 해바라기씨 오일에 미리 개어둔다(243쪽 분말과 오일의 희석비율 참조).

1

스크류 용기에 얼음과 정제수를 계량하고 작은 스테인리스 비커에 가성소다를 계량합니다.

2

정제수에 가성소다를 넣고 곧바로 뚜껑을 닫은 후 흔들어 가성소다 수용액을 만듭니다.

3

포화지방산이 많은 오일(코코넛, 팜, 라드 등)을 먼저 계량하고 60~62℃로 가열합니다.

4

나머지 베이스 오일도 계량하고 40℃가 되도록 온도를 맞춥니다.

5

가성소다 수용액을 채로 걸러 베이스 오일에 넣습니다(가성소다 수용액의 온도는 30~40℃가 적절함).

6

실리콘 주걱으로 2분 정도 가볍게 저어줍니다.

— HOW TO MAKE —

7
산양유 파우더를 첨가한 후 핸드 블렌더의 속도를 저속으로 작동하여 골고루 섞어줍니다.

8
에센셜 오일을 첨가하고 실리콘 주걱으로 충분히 저어줍니다.

9
2단계 트레이스 시점까지 자연스럽게 진행되도록 시간을 두고 천천히 비누액을 저어줍니다.

10
플라스틱 비커에 비누액을 아래와 같이 나누고 각각의 분말을 첨가하여 골고루 섞어둡니다.

11
핑크 컬러의 비누액을 모두 실리콘 몰드에 넣습니다.

12
화이트 컬러의 비누액을 뾰족한 비커에 옮겨 담습니다.

컬러별 비누액 배분

컬러	비누액	첨가물 종류	액상 첨가물	비고
핑크	300g	칼라민	3g	오일에 개어둔 액상
		레드 샌달우드	1g	오일에 개어둔 액상
		티타늄디옥사이드 액상(비누용)	1g	–
스카이	200g	청대	2g	오일에 개어둔 액상
		티타늄디옥사이드 액상(비누용)	3g	–
화이트	510g	티타늄디옥사이드 액상(비누용)	7g	–

13
핑크 컬러의 비누액 위에 화이트 컬러의 비누액을 최대한 낮춰 몰드의 긴 쪽으로 왕복합니다.

14
화이트 컬러의 비누액을 모두 넣습니다.

15
몰드의 한쪽 부분에 스카이 컬러의 비누액을 몰드의 긴 쪽으로 왕복하며 모두 넣습니다.

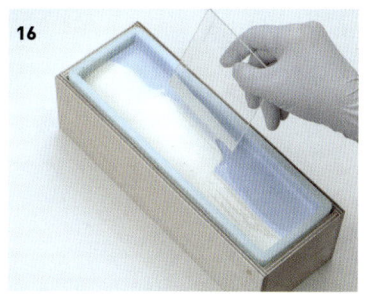
16
사각형 아크릴로 비누 윗면을 쌓아서 정리합니다.

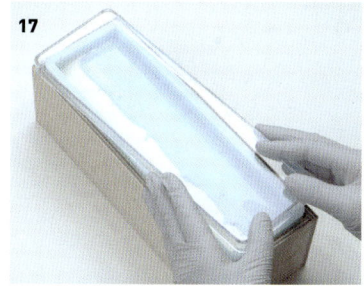
17
실리콘 몰드의 뚜껑을 닫고 보온을 시작합니다.

18 보온이 끝난 비누는 원하는 사이즈로 커팅하고 4주 이상 충분히 건조기간을 거친 후 사용합니다.

19 커팅 후 6~8주 충분히 건조된 비누는 진공포장을 해두면 오랜 시간 깔끔한 상태로 보관할 수 있습니다.

- 비누액을 몰드에 모두 넣은 후 비누 윗면을 쌓아서 정리할 때는 사각형 아크릴을 이용하면 편리합니다.

대리석 비누

Marble Soap

CP DESIGN SOAP LEVEL ●●●○○

ingredient

완성품 용량 : 약 1,025g

베이스 오일

오일류	용량	오일 구성 비율	비고
코코넛	200g	28.6%	-
팜	200g	28.6%	-
녹차씨	150g	21.4%	-
올리브	150g	21.4%	-
합계	700g	100%	

가성소다 수용액

재료	용량	비고
가성소다(순도 98%)	109g	디스카운트 없음
정제수(29%)	203g	얼음 160g 내외 + 나머지 정제수

첨가 재료

종류	비고
에센셜 오일(20ml)	라벤더 10ml + 유칼립투스 5ml+ 로즈마리 5ml
천연분말	천연발효쪽, 화이트 클레이
옥사이드	티타늄디옥사이드 액상(비누용)

지방산 구성 비율

포화지방산(42.6%)				불포화지방산(51.8%)				기타(5.6%)
라우르산	미리스트산	팔미트산	스테아르산	리시놀레산	올레산	리놀레산	리놀렌산	기타
13.7%	5.7%	19.9%	3.4%	0%	43.4%	8.1%	0.2%	5.6%

basic tools

가열기구, 핸드 블렌더, 디지털 저울, 디지털 온도계
비커, 스크류 용기, 실리콘 주걱, 스푼, 채, 니트릴 장갑
실리콘 몰드(1kg용)
뾰족한 비커

HOW TO MAKE

•준비 과정•

천연발효쭉, 화이트 클레이 분말을 각각 해바라기씨 오일에 미리 개어둔다(243쪽 분말과 오일의 희석비율 참조).

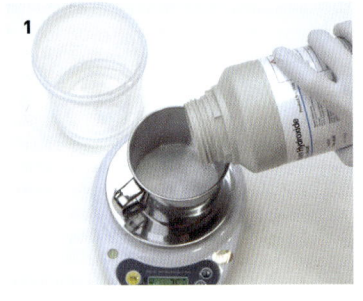

1

스크류 용기에 얼음과 정제수를 계량하고 작은 스테인리스 비커에 가성소다를 계량합니다.

2

정제수에 가성소다를 넣고 곧바로 뚜껑을 닫은 후 흔들어 가성소다 수용액을 만듭니다.

3

포화지방산이 많은 오일(코코넛, 팜, 라드 등)을 먼저 계량하고 60~62℃로 가열합니다.

4

나머지 베이스 오일도 계량하고 40℃가 되도록 온도를 맞춥니다.

5

가성소다 수용액을 채로 걸러 베이스 오일에 넣습니다(가성소다 수용액의 온도는 30~40℃가 적절함).

6

실리콘 주걱으로 2분 정도 가볍게 저어줍니다.

7 핸드 블렌더의 속도를 저속으로 작동하여 골고루 섞어줍니다.

8 에센셜 오일을 첨가하고 실리콘 주걱으로 충분히 저어줍니다.

9 2단계 트레이스 시점까지 자연스럽게 진행되도록 시간을 두고 천천히 비누액을 저어줍니다.

10 플라스틱 비커에 비누액을 아래와 같이 나누고 각각의 분말을 첨가하여 골고루 섞어둡니다.

11 뾰족한 비커에 화이트 컬러의 비누액 300g을 넣습니다.

12 한쪽 부분에 벽을 타고 흐르도록 네이비 컬러의 비누액 20g을 넣습니다.

컬러별 비누액 배분

컬러	비누액	첨가물 종류	액상 첨가물	비고
네이비	60g	천연발효쪽	1g	오일에 개어둔 액상
		티타늄디옥사이드 액상(비누용)	1g	-
화이트	940g	화이트 클레이	10g	오일에 개어둔 액상
		티타늄디옥사이드 액상(비누용)	10g	-

HOW TO MAKE

 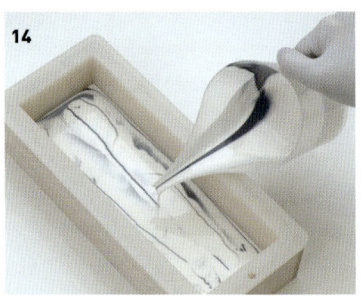 

뾰족한 비커의 위치를 낮추고 몰드의 긴 쪽 방향으로 비누액을 넣습니다.

과정12~13을 반복하며 비누액을 모두 몰드에 넣습니다.

실리콘 몰드의 뚜껑을 닫고 보온을 시작합니다.

16 보온이 끝난 비누는 원하는 사이즈로 커팅하고 4주 이상 충분히 건조기간을 거친 후 사용합니다.

17 커팅 후 6~8주 충분히 건조된 비누는 진공포장을 해두면 오랜 시간 깔끔한 상태로 보관할 수 있습니다.

o 보온이 끝난 비누는 가로 커팅을 합니다.

내추럴 도트 비누

Natural Dot Soap

CP DESIGN SOAP

LEVEL ●●●○○

ingredient

완성품 용량 : 약 1,050g

베이스 오일

오일류	용량	오일 구성 비율	비고
코코넛	160g	22.9%	-
팜	160g	22.9%	-
동백	150g	21.4%	-
옥수수배아	80g	11.4%	-
올리브	150g	21.4%	-
합계	700g	100%	

가성소다 수용액

재료	용량	비고
가성소다(순도 98%)	106.5g	디스카운트 없음
정제수(28%)	196g	얼음 156g 내외 + 나머지 정제수

첨가 재료

종류	비고
에센셜 오일(20ml)	라벤더 10ml + 티트리 5ml + 프랑킨센스 5ml
천연분말	숯, 청대, 칼라민, 화이트 클레이
마이카	퍼플
옥사이드	티타늄디옥사이드 액상(비누용)

지방산 구성 비율

포화지방산(37.1%)				불포화지방산(58.9%)				기타(4.0%)
라우르산	미리스트산	팔미트산	스테아르산	리시놀레산	올레산	리놀레산	리놀렌산	기타
11.0%	4.6%	18.4%	3.1%	0%	45.7%	12.9%	0.3%	4.0%

basic tools

가열기구, 핸드 블렌더, 디지털 저울, 디지털 온도계

비커, 스크류 용기, 실리콘 주걱, 스푼, 채, 니트릴 장갑

실리콘 몰드(1kg용)

비닐 짤주머니, 가위

---- HOW TO MAKE ----

· 준비 과정 ·

숯, 청대, 칼라민, 화이트 클레이 분말을 해바라기씨 오일에 미리 개어둔다(243쪽 분말과 오일의 희석비율 참조).

1
스크류 용기에 얼음과 정제수를 계량하고 작은 스테인리스 비커에 가성소다를 계량합니다.

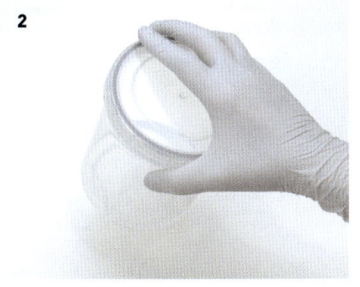

2
정제수에 가성소다를 넣고 곧바로 뚜껑을 닫은 후 흔들어 가성소다 수용액을 만듭니다.

3
포화지방산이 많은 오일(코코넛, 팜, 라드 등)을 먼저 계량하고 60~62℃로 가열합니다.

4
나머지 베이스 오일도 계량하고 40℃가 되도록 온도를 맞춥니다.

5
가성소다 수용액을 채로 걸러 베이스 오일에 넣습니다(가성소다 수용액의 온도는 30~40℃가 적절함).

6
실리콘 주걱으로 2분 정도 가볍게 저어줍니다.

HOW TO MAKE

7

핸드 블렌더의 속도를 저속으로 작동하여 골고루 섞어줍니다.

8

에센셜 오일을 첨가하고 실리콘 주걱으로 충분히 저어줍니다.

9

4단계 트레이스 시점까지 자연스럽게 진행되도록 시간을 두고 천천히 비누액을 저어줍니다.

10

플라스틱 비커에 비누액을 아래와 같이 나누고 각각의 분말을 첨가하여 골고루 섞어둡니다.

11

비누액을 짤주머니에 각각 넣어 준비합니다.

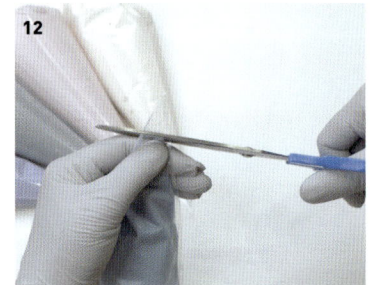

12

5가지 컬러의 비누액이 담긴 짤주머니의 뾰족한 부분의 끝에서 2cm 정도 위치를 가위로 자릅니다.

컬러별 비누액 배분

컬러	비누액	첨가물 종류	액상 첨가물	비고
그레이	200g	숯	1g	오일에 개어둔 액상
		티타늄디옥사이드 액상(비누용)	1g	-
바이올렛	200g	마이카(퍼플)	소량	시약 스푼 1/2
		티타늄디옥사이드 액상(비누용)	1g	-
스카이	200g	청대	1g	오일에 개어둔 액상
		티타늄디옥사이드 액상(비누용)	2g	-
핑크	200g	칼라민	3g	오일에 개어둔 액상
		티타늄디옥사이드 액상(비누용)	1g	-
화이트	200g	화이트 클레이	2g	오일에 개어둔 액상
		티타늄디옥사이드 액상(비누용)	2g	-

 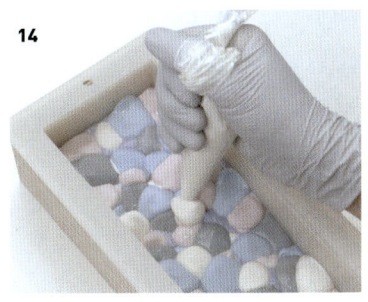 

13 같은 컬러가 겹치지 않도록 비누액을 번갈아가며 몰드 곳곳에 짜서 넣습니다.

14 과정 13을 반복하며 비누액을 모두 몰드에 넣습니다.

15 실리콘 몰드의 뚜껑을 닫고 보온을 시작합니다.

16 보온이 끝난 비누는 원하는 사이즈로 커팅하고 4주 이상 충분히 건조기간을 거친 후 사용합니다.

17 커팅 후 6~8주 충분히 건조된 비누는 진공포장을 해두면 오랜 시간 깔끔한 상태로 보관할 수 있습니다.

tip

o 보온이 끝난 비누는 가로 커팅을 합니다.

2컬러 웨이브 비누
2Color Wave Soap

CP DESIGN SOAP

LEVEL ●●●○○

ingredient

완성품 용량 : 약 1kg

베이스 오일

오일류	용량	오일 구성 비율	비고
코코넛	180g	25.7%	-
팜	180g	25.7%	-
동백	160g	22.9%	-
마카다미아 너트	80g	11.4%	-
살구씨	100g	14.3%	-
합계	700g	100%	

첨가 재료

재료	용량	비고
가성소다(순도 98%)	108.1g	디스카운트 없음
정제수(28%)	196g	얼음 156g 내외 + 나머지 정제수

첨가 재료

종류	비고
에센셜 오일(20ml)	라벤더 10ml + 레몬 5ml + 유칼립투스 5ml
천연분말	천연발효쪽, 코코아
옥사이드	머스터드옐로, 티타늄디옥사이드 액상(비누용)

지방산 구성 비율

포화지방산(38.1%)				불포화지방산(54.9%)				기타(7.0%)
라우르산	미리스트산	팔미트산	스테아르산	리시놀레산	올레산	리놀레산	리놀렌산	기타
12.3%	5.1%	17.6%	3.1%	0%	45.9%	9.0%	0%	7.0%

basic tools

가열기구, 핸드 블렌더, 디지털 저울, 디지털 온도계

비커, 스크류 용기, 실리콘 주걱, 스푼, 채, 니트릴 장갑

실리콘 몰드(1kg용)

몰드 칸막이(폼보드 재단)

HOW TO MAKE

· 준비 과정 ·

천연발효쪽, 코코아 분말을 각각 해바라기씨 오일에 미리 개어둔다(243쪽 분말과 오일의 희석비율 참조).

1
스크류 용기에 얼음과 정제수를 계량하고 작은 스테인리스 비커에 가성소다를 계량합니다.

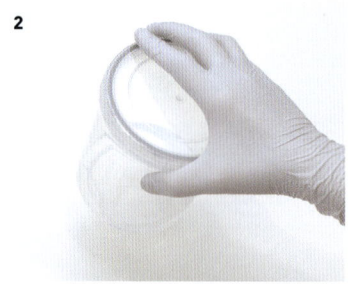

2
정제수에 가성소다를 넣고 곧바로 뚜껑을 닫은 후 흔들어 가성소다 수용액을 만듭니다.

3
포화지방산이 많은 오일(코코넛, 팜, 라드 등)을 먼저 계량하고 60~62℃로 가열합니다.

4
나머지 베이스 오일도 계량하고 40℃가 되도록 온도를 맞춥니다.

5
가성소다 수용액을 채로 걸러 베이스 오일에 넣습니다(가성소다 수용액의 온도는 30~40℃가 적절함).

6
실리콘 주걱으로 2분 정도 가볍게 저어줍니다.

핸드 블렌더의 속도를 저속으로 작동하여 골고루 섞어줍니다.

에센셜 오일을 첨가하고 실리콘 주걱으로 충분히 저어줍니다.

2단계 트레이스 시점까지 자연스럽게 진행되도록 시간을 두고 천천히 비누액을 저어줍니다.

몰드의 좁은 쪽 중간지점에 몰드 칸막이로 벽을 끼웁니다.

플라스틱 비커에 비누액을 아래와 같이 나누고 각각의 분말을 첨가하여 골고루 섞어둡니다.

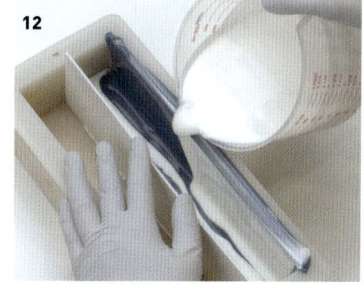

네이비 컬러의 비누액과 화이트 컬러의 비누액을 번갈아가며 몰드의 벽을 타고 흐르도록 한쪽 방향으로만 진행하며 비누액을 넣습니다.

컬러별 비누액 배분

컬러	비누액	첨가물 종류	액상 첨가물	비고
네이비	250g	천연발효쪽	1g	오일에 개어둔 액상
		티타늄디옥사이드 액상(비누용)	10방울	–
브라운	250g	코코아	1g	오일에 개어둔 액상
		머스터드옐로옥사이드 액상(비누용)	10방울	–
		티타늄디옥사이드 액상(비누용)	5방울	–
화이트	500g	티타늄디옥사이드 액상(비누용)	10g	–

HOW TO MAKE

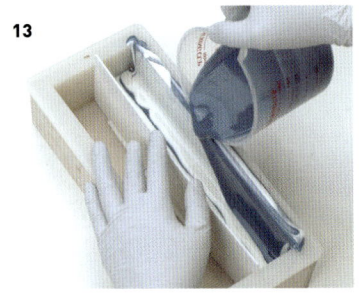

13

네이비 컬러의 비누액은 모두 넣고 화이트 컬러의 비누액은 1/2 정도 남겨둡니다.

14

과정 12와 같은 방법으로 번갈아가며 브라운 컬러와 화이트 컬러의 비누액을 모두 몰드에 넣습니다.

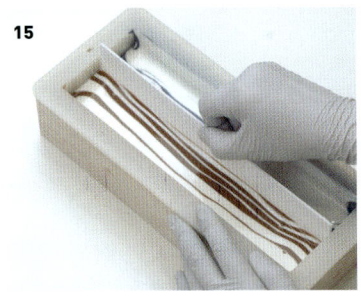

15

중간지점에 세워둔 벽을 살며시 빼냅니다.

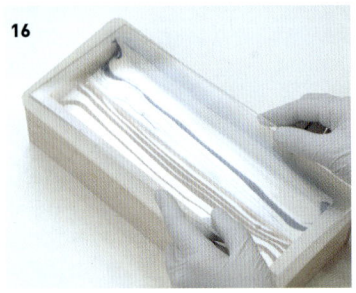

16

실리콘 몰드의 뚜껑을 닫고 보온을 시작합니다.

17 보온이 끝난 비누는 원하는 사이즈로 커팅하고 4주 이상 충분히 건조기간을 거친 후 사용합니다.

18 커팅 후 6~8주 충분히 건조된 비누는 진공포장을 해두면 오랜 시간 깔끔한 상태로 보관할 수 있습니다.

tip

○ 보온이 끝난 비누는 가로 커팅을 합니다.

스트레이트 라인 비누
Straight Line Soap

CP DESIGN SOAP

LEVEL ●●●○○

ingredient

완성품 용량 : 약 1,015g

베이스 오일

오일류	용량	오일 구성 비율	비고
코코넛	180g	25.7%	-
팜	180g	25.7%	-
녹차씨	90g	12.9%	-
동백	180g	25.7%	-
해바라기씨	70g	10.0%	-
합계	700g	100%	

가성소다 수용액

재료	용량	비고
가성소다(순도 98%)	107.9g	디스카운트 없음
정제수(28%)	196g	얼음 156g 내외 + 나머지 정제수

첨가 재료

종류	비고
에센셜 오일(20ml)	라벤더 10ml + 레몬 5ml + 티트리 5ml
천연분말	숯, 청대, 호박
옥사이드	옐로레이크, 티타늄디옥사이드 액상(비누용)

지방산 구성 비율

포화지방산(38.4%)				불포화지방산(56.1%)				기타(5.5%)
라우르산	미리스트산	팔미트산	스테아르산	리시놀레산	올레산	리놀레산	리놀렌산	기타
12.3%	5.1%	17.7%	3.2%	0%	42.6%	13.4%	0.1%	5.5%

basic tools

가열기구, 핸드 블렌더, 디지털 저울, 디지털 온도계
비커, 스크류 용기, 실리콘 주걱, 스푼, 채, 니트릴 장갑
실리콘 몰드(1kg용)
몰드 칸막이 3개(폼보드 재단)

― HOW TO MAKE ―

· 준비 과정 ·

숯, 청대, 호박 분말을 각각 해바라기씨 오일에 미리 개어둔다(243쪽 분말과 오일의 희석비율 참조).

1

스크류 용기에 얼음과 정제수를 계량하고 작은 스테인리스 비커에 가성소다를 계량합니다.

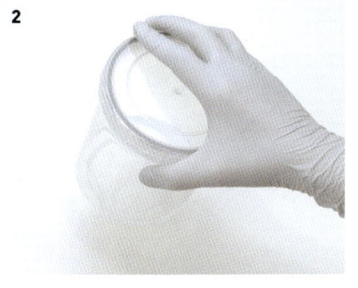

2

정제수에 가성소다를 넣고 곧바로 뚜껑을 닫은 후 흔들어 가성소다 수용액을 만듭니다.

3

포화지방산이 많은 오일(코코넛, 팜, 라드 등)을 먼저 계량하고 60~62℃로 가열합니다.

4

나머지 베이스 오일도 계량하고 40℃가 되도록 온도를 맞춥니다.

5

가성소다 수용액을 채로 걸러 베이스 오일에 넣습니다(가성소다 수용액의 온도는 30~40℃가 적절함).

6

실리콘 주걱으로 2분 정도 가볍게 저어줍니다.

HOW TO MAKE

7 핸드 블렌더의 속도를 저속으로 작동하여 골고루 섞어줍니다.

8 에센셜 오일을 첨가하고 실리콘 주걱으로 충분히 저어줍니다.

9 2단계 트레이스 시점까지 자연스럽게 진행되도록 시간을 두고 천천히 비누액을 저어줍니다.

10 플라스틱 비커에 비누액을 아래와 같이 나누고 각각의 분말을 첨가하여 골고루 섞어둡니다.

11 실리콘 몰드에 몰드 칸막이를 가운데 끼우고 양옆으로 2cm 정도 간격을 두고 나머지 칸막이도 끼웁니다.

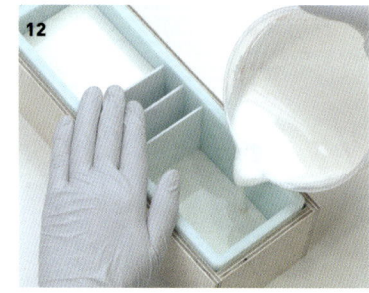

12 칸막이가 움직이지 않도록 살짝 누르며 화이트 컬러의 비누액을 양쪽 끝부분에 반씩 나누어 넣습니다.

컬러별 비누액 배분

컬러	비누액	첨가물 종류	액상 첨가물	비고
네이비	100g	숯	1g	오일에 개어둔 액상
		청대	1g	오일에 개어둔 액상
		티타늄디옥사이드 액상(비누용)	1g	–
옐로	100g	호박	3g	오일에 개어둔 액상
		옐로레이크 액상(비누용)	10방울	–
		티타늄디옥사이드 액상(비누용)	1g	–
화이트	800g	천연발효쪽	1g	오일에 개어둔 액상
		티타늄디옥사이드 액상(비누용)	20g	–

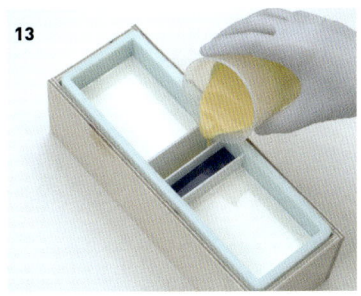

네이비, 옐로 컬러의 비누액도 한 칸씩 넣습니다.

칸막이를 조심히 빼냅니다.

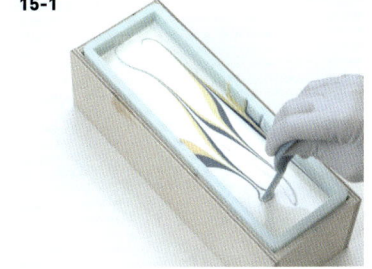

플라스틱 스푼의 손잡이 부분을 이용하여 옐로 컬러의 비누액의 지점을 시작으로 몰드의 긴 쪽을 향해 ㄹ자를 그리며 왕복합니다.

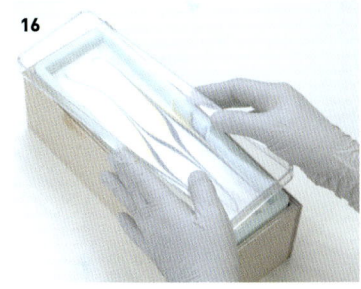

실리콘 몰드의 뚜껑을 닫고 보온을 시작합니다.

17 보온이 끝난 비누는 원하는 사이즈로 커팅하고 4주 이상 충분히 건조기간을 거친 후 사용합니다.

18 커팅 후 6~8주 충분히 건조된 비누는 진공포장을 해두면 오랜 시간 깔끔한 상태로 보관할 수 있습니다.

- 보온이 끝난 비누는 가로 커팅 또는 큐브 모양으로 커팅합니다.

서머 비치 비누

Summer Beach Soap

CP DESIGN SOAP

LEVEL ●●●○○

ingredient

완성품 용량 : 약 1,150g

베이스 오일

오일류	용량	오일 구성 비율	비고
코코넛	190g	27.2%	–
팜	190g	27.2%	–
마카다미아 너트	80g	11.4%	–
살구씨	100g	14.3%	–
옥수수배아	80g	11.4%	–
헤이즐넛	60g	8.5%	–
합계	700g	100%	

가성소다 수용액

재료	용량	비고
가성소다(순도 98%)	108.7g	디스카운트 없음
정제수(28%)	196g	얼음 156g 내외 + 나머지 정제수

첨가 재료

종류	비고
에센셜 오일(20ml)	라벤더 5ml + 레몬 5ml + 유칼립투스 5ml + 파인 5ml
천연분말	노니, 청대
마이카	브라운
옥사이드	티타늄디옥사이드 액상(비누용)

지방산 구성 비율

포화지방산(39.8%)				불포화지방산(53.2%)				기타(7.1%)
라우르산	미리스트산	팔미트산	스테아르산	리시놀레산	올레산	리놀레산	리놀렌산	기타
13.0%	5.4%	18.1%	3.2%	0%	39.0%	14.0%	0.1%	7.1%

basic tools

가열기구, 핸드 블렌더, 디지털 저울, 디지털 온도계
비커, 스크류 용기, 실리콘 주걱, 스푼, 채, 니트릴 장갑
아크릴 몰드 또는 실리콘 몰드(1kg용, 조개 데코 몰드)
뾰족한 비커, 마이카용 스프레이 용기

HOW TO MAKE

• 준비 과정 •

노니, 청대 분말을 각각 해바라기씨 오일에 미리 개어둔다(243쪽 분말과 오일의 희석비율 참조).
약간 촉촉한 자투리 비누를 뭉친 후 조개 데코 몰드에 꼭꼭 눌러서 조개 모양의 비누를 만들어둔다.
마이카용 스프레이 용기에 마이카를 담아 준비한다.

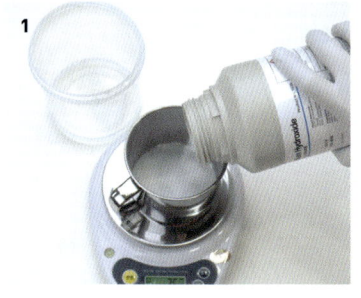

스크류 용기에 얼음과 정제수를 계량하고 작은 스테인리스 비커에 가성소다를 계량합니다.

정제수에 가성소다를 넣고 곧바로 뚜껑을 닫은 후 흔들어 가성소다 수용액을 만듭니다.

포화지방산이 많은 오일(코코넛, 팜, 라드 등)을 먼저 계량하고 60~62℃로 가열합니다.

나머지 베이스 오일도 계량하고 40℃가 되도록 온도를 맞춥니다.

가성소다 수용액을 채로 걸러 베이스 오일에 넣습니다(가성소다 수용액의 온도는 30~40℃가 적절함).

실리콘 주걱으로 2분 정도 가볍게 저어줍니다.

7 핸드 블렌더의 속도를 저속으로 작동하여 골고루 섞어줍니다.

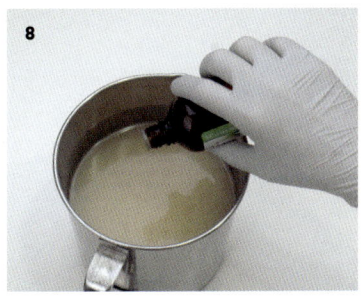

8 에센셜 오일을 첨가하고 실리콘 주걱으로 충분히 저어줍니다.

9 3단계 트레이스 시점까지 자연스럽게 진행되도록 시간을 두고 천천히 비누액을 저어줍니다.

10 플라스틱 비커에 비누액을 아래와 같이 나누고 각각의 분말을 첨가하여 골고루 섞어둡니다.

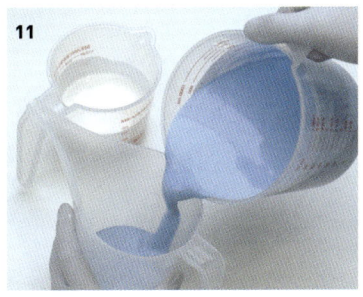

11 스카이 컬러의 비누액 180g을 뾰족한 비커에 덜어둡니다.

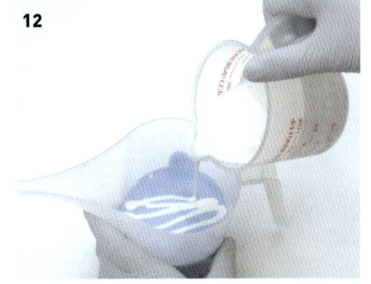

12 11 위에 화이트 컬러의 비누액을 25g 넣습니다.

컬러별 비누액 배분

컬러	비누액	첨가물 종류	액상 첨가물	비고
스카이	540g	청대	2g	오일에 개어둔 액상
		티타늄디옥사이드 액상(비누용)	5g	-
화이트	80g	티타늄디옥사이드 액상(비누용)	2g	-
베이지	400g	노니	4g	오일에 개어둔 액상

— HOW TO MAKE —

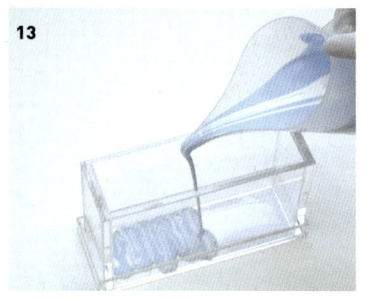

13
아크릴 몰드의 좁은 쪽으로 왕복하며 뾰족한 비커의 비누액을 모두 넣습니다.

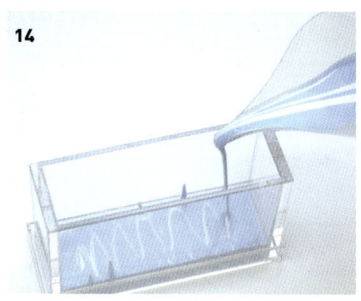

14
과정 11~13을 두 번 더 반복합니다.

15
베이지 컬러의 비누액을 작은 스푼으로 소량씩 모두 떠 넣습니다.

16
스푼을 이용하여 비누액 윗면에 굴곡을 줍니다.

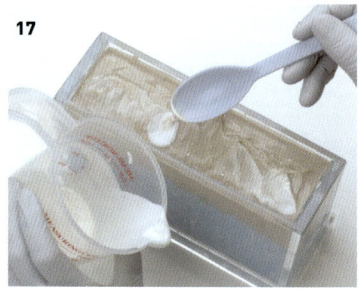

17
조금 남아 있는 화이트 컬러의 비누액을 조금 떠서 한쪽 부분에 펴 바릅니다.

18
준비해둔 조개 모양의 비누를 올려놓습니다.

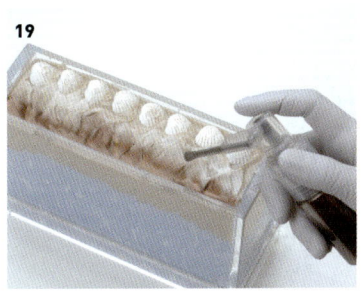

비누액 윗면 한쪽에 마이카 스프레이를 가볍게 분사합니다.

아크릴 몰드의 입구를 랩으로 덮고 보온을 시작합니다.

21 보온이 끝난 비누는 원하는 사이즈로 커팅하고 4주 이상 충분히 건조기간을 거친 후 사용합니다.

22 커팅 후 6~8주 충분히 건조된 비누는 진공포장을 해두면 오랜 시간 깔끔한 상태로 보관할 수 있습니다.

tip

- 비누를 커팅하거나 트리밍한 후 남은 조각을 비닐봉투에 밀봉하여 보관해두면 데코용으로 활용할 수 있습니다.
- 손으로 뭉쳐서 반죽을 부드럽게 한 후 데코 몰드에 꼭꼭 눌러 빼내어 완성합니다.

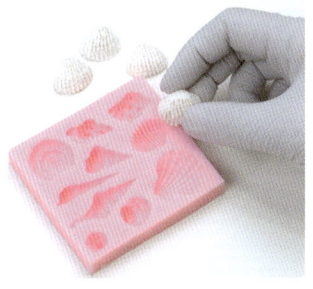

워터드롭 비누
Waterdrop Soap

CP DESIGN SOAP

LEVEL ●●●○○

완성품 용량 : 약 500g

베이스 오일

오일류	용량	오일 구성 비율	비고
코코넛	80g	22.9%	-
팜	80g	22.9%	-
동백	100g	28.5%	-
스위트아몬드	90g	25.7%	-
합계	350g	100%	

가성소다 수용액

재료	용량	비고
가성소다(순도 98%)	53.4g	디스카운트 없음
정제수(27%)	95g	얼음 76g 내외 + 나머지 정제수

첨가 재료

종류	비고
에센셜 오일(10ml)	라벤더 5ml + 레몬 3ml + 티트리 2ml
마이카	터코이즈, 퍼플
옥사이드	티타늄디옥사이드 액상(비누용)

지방산 구성 비율

포화지방산(34.4%)				불포화지방산(60.7%)				기타(4.9%)
라우르산	미리스트산	팔미트산	스테아르산	리시놀레산	올레산	리놀레산	리놀렌산	기타
11.0%	4.6%	16.5%	2.4%	0%	51.0%	9.7%	0%	4.9%

가열기구, 핸드 블렌더, 디지털 저울, 디지털 온도계
비커, 스크류 용기, 실리콘 주걱, 스푼, 채, 니트릴 장갑
실리콘 몰드(1kg용)
나무 꼬치

HOW TO MAKE

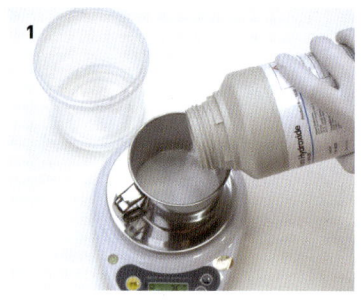

1

스크류 용기에 얼음과 정제수를 계량하고 작은 스테인리스 비커에 가성소다를 계량합니다.

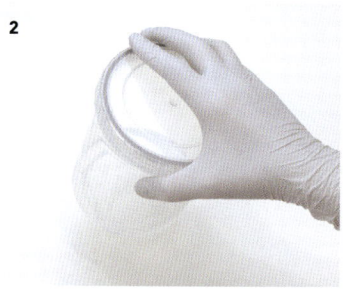

2

정제수에 가성소다를 넣고 곧바로 뚜껑을 닫은 후 흔들어 가성소다 수용액을 만듭니다.

3

포화지방산이 많은 오일(코코넛, 팜, 라드 등)을 먼저 계량하고 60~62℃로 가열합니다.

4

나머지 베이스 오일도 계량하고 40℃가 되도록 온도를 맞춥니다.

5

가성소다 수용액을 채로 걸러 베이스 오일에 넣습니다(가성소다 수용액의 온도는 30~40℃가 적절함).

6

실리콘 주걱으로 2분 정도 가볍게 저어줍니다.

7

핸드 블렌더의 속도를 저속으로 작동하여 골고루 섞어줍니다.

8

에센셜 오일을 첨가하고 실리콘 주걱으로 충분히 저어줍니다.

9

2단계 트레이스 시점까지 자연스럽게 진행되도록 시간을 두고 천천히 비누액을 저어줍니다.

10

플라스틱 비커에 비누액을 아래와 같이 나누고 각각의 분말을 첨가하여 골고루 섞어둡니다.

11

실리콘 몰드에 화이트 컬러의 비누액 300g을 넣습니다.

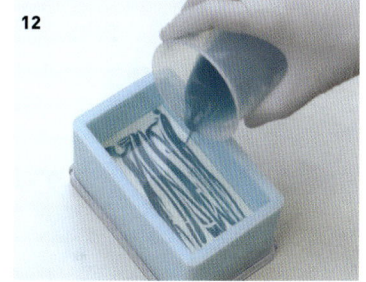

12

터콰이즈 컬러의 비누액을 몰드의 긴 쪽 방향으로 왕복하고 높낮이를 달리해가며 촘촘히 비누액을 넣습니다.

컬러별 비누액 배분

컬러	비누액	첨가물 종류	액상 첨가물	비고
터콰이즈	50g	마이카(터콰이즈)	소량	시약 스푼 1/3
바이올렛	50g	마이카(퍼플)	소량	시약 스푼 1/3
화이트	400g	티타늄디옥사이드 액상(비누용)	15g	–

HOW TO MAKE

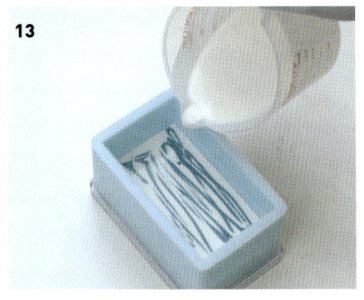

13

그 위에 화이트 컬러의 비누액을 과정 12와 같은 방법으로 비누액을 넣습니다.

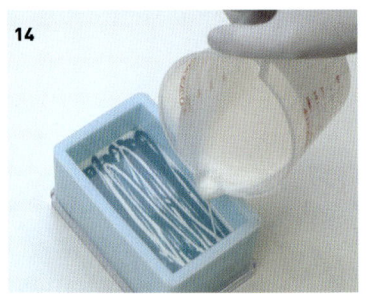

14

과정 12~13을 반복하며 터콰이즈 컬러는 모두 넣고 화이트 컬러는 1/2 정도 남겨둡니다.

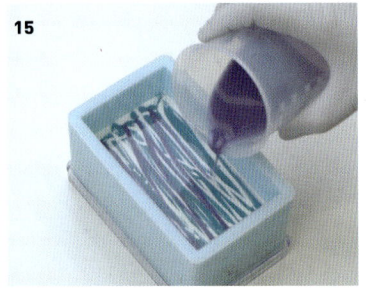

15

이와 같은 방법으로 바이올렛 컬러와 화이트 컬러의 비누액을 모두 넣습니다.

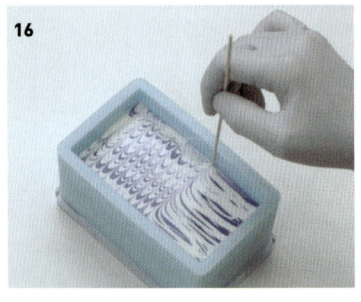

16

나무 꼬치를 이용하여 비누액 윗면에 좁은 쪽의 왼쪽에서 오른쪽으로 라인을 한 줄씩 끊어서 그립니다. 이때 나무 꼬치가 깊이 들어가지 않도록 합니다.

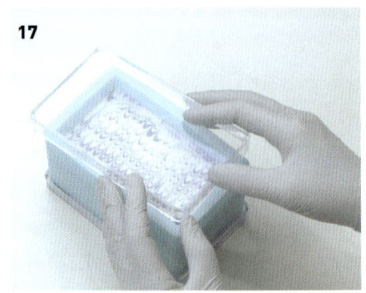

17

실리콘 몰드의 뚜껑을 닫고 보온을 시작합니다.

18 보온이 끝난 비누는 원하는 사이즈로 커팅하고 4주 이상 충분히 건조기간을 거친 후 사용합니다.

19 커팅 후 6~8주 충분히 건조된 비누는 진공포장을 해두면 오랜 시간 깔끔한 상태로 보관할 수 있습니다.

4컬러 레이어드 비누
4Color Layered Soap

CP DESIGN SOAP

LEVEL ●●●○○

ingredient

완성품 용량 : 약 1,080g

베이스 오일

오일류	용량	오일 구성 비율	비고
코코넛	200g	26.7%	-
팜	200g	26.7%	-
동백	150g	20.0%	-
옥수수배아	100g	13.3%	-
해바라기씨	100g	13.3%	-
합계	750g	100%	

가성소다 수용액

재료	용량	비고
가성소다(순도 98%)	115.9g	디스카운트 없음
정제수(28%)	210g	얼음 165g 내외 + 나머지 정제수

첨가 재료

종류	비고
에센셜 오일(20ml)	라벤더
천연분말	레드 클레이, 벤토나이트 클레이, 옐로 클레이, 천연발효쪽
옥사이드	레드, 티타늄디옥사이드 액상(비누용)

지방산 구성 비율

포화지방산(39.9%)				불포화지방산(55.5%)				기타(4.5%)
라우르산	미리스트산	팔미트산	스테아르산	리시놀레산	올레산	리놀레산	리놀렌산	기타
12.8%	5.3%	18.5%	3.3%	0%	34.3%	20.9%	0.3%	4.5%

basic tools

가열기구, 핸드 블렌더, 디지털 저울, 디지털 온도계
비커, 스크류 용기, 실리콘 주걱, 스푼, 채, 니트릴 장갑
실리콘 몰드(1kg용)
사각형 아크릴(비누 윗면 정리용)

HOW TO MAKE

• 준비 과정 •

레드 클레이, 벤토나이트 클레이, 옐로 클레이, 청대 분말을 각각 해바라기씨 오일에 미리 개어둔다(243쪽 분말과 오일의 희석비율 참조).

1. 스크류 용기에 얼음과 정제수를 계량하고 작은 스테인리스 비커에 가성소다를 계량합니다.

2. 정제수에 가성소다를 넣고 곧바로 뚜껑을 닫은 후 흔들어 가성소다 수용액을 만듭니다.

3. 포화지방산이 많은 오일(코코넛, 팜, 라드 등)을 먼저 계량하고 60~62℃로 가열합니다.

4. 나머지 베이스 오일도 계량하고 40℃가 되도록 온도를 맞춥니다.

5. 가성소다 수용액을 채로 걸러 베이스 오일에 넣습니다(가성소다 수용액의 온도는 30~40℃가 적절함).

6. 실리콘 주걱으로 2분 정도 가볍게 저어줍니다.

HOW TO MAKE

7 핸드 블렌더의 속도를 저속으로 작동하여 골고루 섞어줍니다.

8 에센셜 오일을 첨가하고 실리콘 주걱으로 충분히 저어줍니다.

9 4단계 트레이스 시점까지 자연스럽게 진행되도록 시간을 두고 천천히 비누액을 저어줍니다.

10 플라스틱 비커에 비누액을 아래와 같이 나누고 각각의 분말을 첨가하여 골고루 섞어둡니다.

11 받침대를 받치고 몰드를 기울여 준비해둡니다.

12 네이비 컬러의 비누액을 스푼으로 몰드의 긴 쪽 방향 모서리 쪽으로 떠 넣습니다.

컬러별 비누액 배분

컬러	비누액	첨가물 종류	액상 첨가물	비고
화이트	270g	벤토나이트 클레이	2g	오일에 개어둔 액상
		티타늄디옥사이드 액상(비누용)	4g	
네이비	270g	천연발효쪽	2g	오일에 개어둔 액상
		티타늄디옥사이드 액상(비누용)	2g	
레드	270g	레드 클레이	2g	오일에 개어둔 액상
		티타늄디옥사이드 액상(비누용)	10방울	
옐로	270g	옐로 클레이	4g	오일에 개어둔 액상
		티타늄디옥사이드 액상(비누용)	10방울	

13 반대편 긴 쪽 방향으로 옐로 컬러의 비누액을 모두 넣습니다.

14 다시 반대편에 레드 컬러의 비누액을 모두 넣습니다.

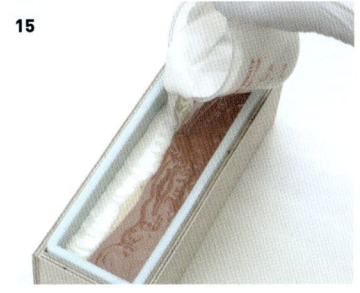

15 또 다시 반대편에 화이트 컬러의 비누액을 모두 넣습니다.

16 사각형 아크릴로 비누 윗면을 정리한 후 실리콘 몰드의 뚜껑을 닫고 보온을 시작합니다.

17 보온이 끝난 비누는 원하는 사이즈로 커팅하고 4주 이상 충분히 건조기간을 거친 후 사용합니다.

18 커팅 후 6~8주 충분히 건조된 비누는 진공포장을 해두면 오랜 시간동안 깔끔한 상태로 보관할 수 있습니다.

링 마블 비누
Ring Marble Soap

CP DESIGN SOAP

LEVEL ●●●●○

ingredient

완성품 용량 : 약 1,020g

베이스 오일

오일류	용량	오일 구성 비율	비고
코코넛	350g	50%	-
해바라기씨	70g	10%	-
헤이즐넛	280g	40%	-
합계	700g	100%	

가성소다 수용액

재료	용량	비고
가성소다(순도 98%)	116g	디스카운트 없음
정제수(29%)	203g	얼음 160g 내외 + 나머지 정제수

첨가 재료

종류	비고
에센셜 오일(20ml)	레몬 6ml + 페퍼민트 10ml + 진저 4ml
천연분말	숯, 청대, 벤토나이트 클레이
옥사이드	옐로레이크, 레드, 티타늄디옥사이드 액상(비누용)

지방산 구성 비율

포화지방산(43.8%)				불포화지방산(47.7%)				기타(8.5%)
라우르산	미리스트산	팔미트산	스테아르산	리시놀레산	올레산	리놀레산	리놀렌산	기타
24.0%	9.5%	7.2%	3.1%	0%	35.6%	12.0%	0.1%	8.5%

basic tools

가열기구, 핸드 블렌더, 디지털 저울, 디지털 온도계
비커, 스크류 용기, 실리콘 주걱, 스푼, 채, 니트릴 장갑
실리콘 몰드(1kg용)

HOW TO MAKE

· 준비 과정 ·

청대 분말을 해바라기씨 오일에 미리 개어둔다(243쪽 분말과 오일의 희석비율 참조).

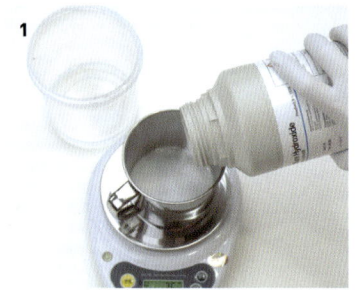

1. 스크류 용기에 얼음과 정제수를 계량하고 작은 스테인리스 비커에 가성소다를 계량합니다.

2. 정제수에 가성소다를 넣고 곧바로 뚜껑을 닫은 후 흔들어 가성소다 수용액을 만듭니다.

3. 포화지방산이 많은 오일(코코넛, 팜, 라드 등)을 먼저 계량하고 60~62℃로 가열합니다.

4. 나머지 베이스 오일도 계량하고 40℃가 되도록 온도를 맞춥니다.

5. 가성소다 수용액을 채로 걸러 베이스 오일에 넣습니다(가성소다 수용액의 온도는 30~40℃가 적절함).

6. 실리콘 주걱으로 2분 정도 가볍게 저어줍니다.

7
핸드 블렌더의 속도를 저속으로 작동하여 골고루 섞어줍니다.

8
에센셜 오일을 첨가하고 실리콘 주걱으로 충분히 저어줍니다.

9
2단계 트레이스 시점까지 자연스럽게 진행되도록 시간을 두고 천천히 비누액을 저어줍니다.

10
플라스틱 비커에 비누액을 아래와 같이 나누고 각각의 분말을 첨가하여 골고루 섞어둡니다.

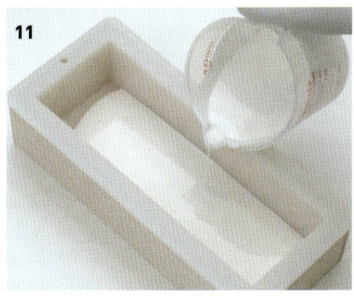

11
화이트 컬러의 비누액 100g을 몰드에 넣습니다.

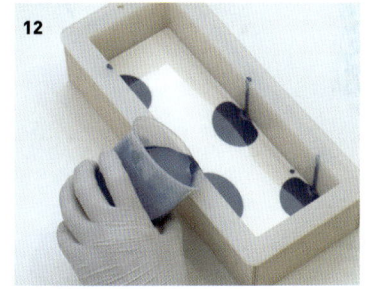

12
서로 겹치지 않는 4곳의 위치에 벽을 타고 흐르도록 네이비 컬러의 비누액을 넣습니다.

컬러별 비누액 배분

컬러	비누액	첨가물 종류	액상 첨가물	비고
네이비	220g	숯	1g	오일에 개어둔 액상
		청대	1g	오일에 개어둔 액상
		티타늄디옥사이드 액상(비누용)	2g	—
스카이	220g	청대	1g	오일에 개어둔 액상
		티타늄디옥사이드 액상(비누용)	3g	—
오렌지	220g	옐로레이크 액상(비누용)	2g	—
		레드옥사이드	10방울	—
		티타늄디옥사이드 액상(비누용)	2g	—
화이트	340g	벤토나이트 클레이	2g	오일에 개어둔 액상
		티타늄디옥사이드 액상(비누용)	3g	—

― HOW TO MAKE ―

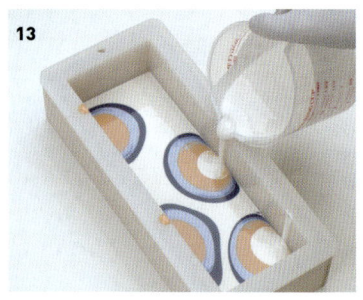

같은 위치에 스카이, 오렌지, 화이트 컬러의 비누액을 같은 방법으로 차례대로 넣습니다.

과정 12~13을 반복하며 비누액을 모두 몰드에 넣습니다.

실리콘 몰드의 뚜껑을 닫고 보온을 시작합니다.

16 보온이 끝난 비누는 원하는 사이즈로 커팅하고 4주 이상 충분히 건조기간을 거친 후 사용합니다.

17 커팅 후 6~8주 충분히 건조된 비누는 진공포장을 해두면 오랜 시간 깔끔한 상태로 보관할 수 있습니다.

tip

o 보온이 끝난 비누는 가로 커팅을 합니다.

CEREAL

Travel & Lifestyle VOL. 8

시리얼

피코크 마블 비누
Peacock Marble Soap

CP DESIGN SOAP

LEVEL ●●●●○

ingredient

완성품 용량 : 약 900g

베이스 오일

오일류	용량	오일 구성 비율	비고
코코넛	180g	28.1%	-
팜	180g	28.1%	-
스위트아몬드	100g	15.6%	-
옥수수배아	100g	15.6%	-
해바라기씨	80g	12.6%	-
합계	640g	100%	

가성소다 수용액

재료	용량	비고
가성소다(순도 98%)	99.5g	디스카운트 없음
정제수(28%)	179g	얼음 143g 내외 + 나머지 정제수

첨가 재료

종류	비고
에센셜 오일(17ml)	라벤더 7ml + 레몬 5ml + 유칼립투스 5ml
천연분말	숯, 코코아
옥사이드	그린크롬, 머스터드옐로, 티타늄디옥사이드 액상(비누용)

지방산 구성 비율

포화지방산(40.9%)				불포화지방산(54.5%)				기타(4.6%)
라우르산	미리스트산	팔미트산	스테아르산	리시놀레산	올레산	리놀레산	리놀렌산	기타
13.5%	5.6%	18.8%	3.1%	0%	31.3%	22.9%	0.3%	4.6%

basic tools

가열기구, 핸드 블렌더, 디지털 저울, 디지털 온도계
비커, 스크류 용기, 실리콘 주걱, 스푼, 채, 니트릴 장갑
실리콘 몰드(1kg용)
뾰족한 튜브 용기, 일회용 비닐백(미니), 어니언 홀더

HOW TO MAKE

·준비 과정·

숯, 코코아 분말을 각각 해바라기씨 오일에 미리 개어둔다(243쪽 분말과 오일의 희석비율 참조).

1
스크류 용기에 얼음과 정제수를 계량하고 작은 스테인리스 비커에 가성소다를 계량합니다.

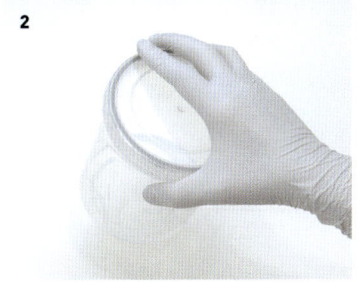

2
정제수에 가성소다를 넣고 곧바로 뚜껑을 닫은 후 흔들어 가성소다 수용액을 만듭니다.

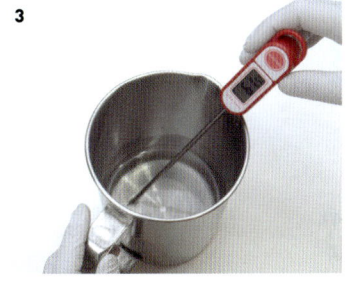

3
포화지방산이 많은 오일(코코넛, 팜, 라드 등)을 먼저 계량하고 60~62℃로 가열합니다.

4
나머지 베이스 오일도 계량하고 40℃가 되도록 온도를 맞춥니다.

5
가성소다 수용액을 채로 걸러 베이스 오일에 넣습니다(가성소다 수용액의 온도는 30~40℃가 적절함).

6
실리콘 주걱으로 2분 정도 가볍게 저어줍니다.

HOW TO MAKE

7
핸드 블렌더의 속도를 저속으로 작동하여 골고루 섞어줍니다.

8
에센셜 오일을 첨가하고 실리콘 주걱으로 충분히 저어줍니다.

9
2단계 트레이스 시점까지 자연스럽게 진행되도록 시간을 두고 천천히 비누액을 저어줍니다.

10
플라스틱 비커에 비누액을 아래와 같이 나누고 각각의 분말을 첨가하여 골고루 섞어둡니다.

11
화이트 컬러의 비누액 320g을 실리콘 몰드에 넣습니다.

12
뾰족한 튜브 용기에 일회용 비닐백을 넣고 비닐백 안에 네가지 컬러의 비누액을 넣습니다.

컬러별 비누액 배분

컬러	비누액	첨가물 종류	액상 첨가물	비고
화이트	620g	티타늄디옥사이드 액상(비누용)	10g	-
블랙	100g	숯	2g	오일에 개어둔 액상
브라운	100g	코코아	2g	오일에 개어둔 액상
		티타늄디옥사이드 액상(비누용)	10방울	-
그린	100g	그린크롬옥사이드 액상(비누용)	1g	
		머스터드옐로옥사이드 액상(비누용)	1g	
		티타늄디옥사이드 액상(비누용)	10방울	-

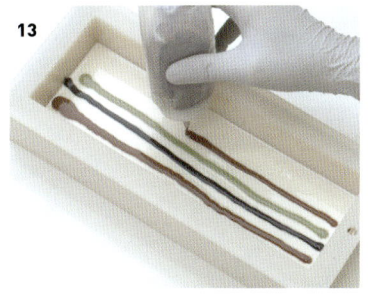

사진과 같이 비슷한 간격을 두고 화이트 컬러의 비누액을 제외하고 번갈아가며 몰드에 넣습니다.

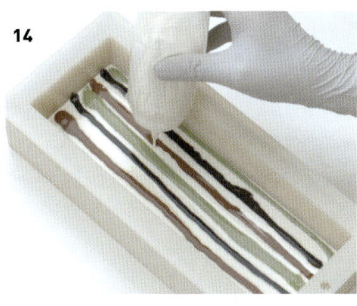

컬러와 컬러 사이에 화이트 컬러의 비누액을 넣습니다.

과정 13~14번을 반복하여 비누액을 모두 넣습니다.

어니언 홀더로 비누 윗면을 천천히 긁어서 결을 표현합니다.

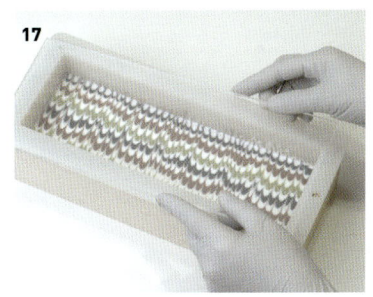

실리콘 몰드의 뚜껑을 닫고 보온을 시작합니다.

18 보온이 끝난 비누는 원하는 사이즈로 커팅하고 4주 이상 충분히 건조기간을 거친 후 사용합니다.

19 커팅 후 6~8주 충분히 건조된 비누는 진공포장을 해두면 오랜 시간동안 깔끔한 상태로 보관할 수 있습니다.

○ 보온이 끝난 비누는 가로 커팅을 합니다.

실린더 서클 비누
Cylinder Circle Soap

CP DESIGN SOAP

LEVEL ●●●●○

ingredient

완성품 용량 : 약 990g

베이스 오일

오일류	용량	오일 구성 비율	비고
코코넛	180g	25.7%	-
팜	180g	25.7%	-
마카다미아 너트	80g	11.4%	-
아보카도	160g	22.9%	-
해바라기씨	100g	14.3%	-
합계	700g	100%	

가성소다 수용액

재료	용량	비고
가성소다(순도 98%)	107.5g	디스카운트 없음
정제수(29%)	203g	얼음 160g 내외 + 나머지 정제수

첨가 재료

종류	비고
에센셜 오일(20ml)	라벤더 10ml + 레몬 5ml + 스피아민트 5ml
천연분말	청대, 숯, 칼라민, 코코아, 진주
옥사이드	티타늄디옥사이드 액상(비누용)

지방산 구성 비율

포화지방산(41.4%)				불포화지방산(50.6%)				기타(8.1%)
라우르산	미리스트산	팔미트산	스테아르산	리시놀레산	올레산	리놀레산	리놀렌산	기타
12.3%	5.1%	20.2%	3.7%	0%	34.4%	16.1%	0.1%	8.1%

basic tools

가열기구, 핸드 블렌더, 디지털 저울, 디지털 온도계

비커, 스크류 용기, 실리콘 주걱, 스푼, 채, 니트릴 장갑

아크릴 몰드(원기둥형)

뾰족한 튜브 용기, 일회용 비닐백(미니)

HOW TO MAKE

• 준비 과정 •

청대, 숯 분말을 각각 해바라기씨 오일에 미리 개어둔다(243쪽 분말과 오일의 희석비율 참조).

1 스크류 용기에 얼음과 정제수를 계량하고 작은 스테인리스 비커에 가성소다를 계량합니다.

2 정제수에 가성소다를 넣고 곧바로 뚜껑을 닫은 후 흔들어 가성소다 수용액을 만듭니다.

3 포화지방산이 많은 오일(코코넛, 팜, 라드 등)을 먼저 계량하고 60~62℃로 가열합니다.

4 나머지 베이스 오일도 계량하고 40℃가 되도록 온도를 맞춥니다.

5 가성소다 수용액을 채로 걸러 베이스 오일에 넣습니다(가성소다 수용액의 온도는 30~40℃가 적절함).

6 실리콘 주걱으로 2분 정도 가볍게 저어줍니다.

7
핸드 블렌더의 속도를 저속으로 작동하여 골고루 섞어줍니다.

8
에센셜 오일을 첨가하고 실리콘 주걱으로 충분히 저어줍니다.

9
2단계 트레이스 시점까지 자연스럽게 진행되도록 시간을 두고 천천히 비누액을 저어줍니다.

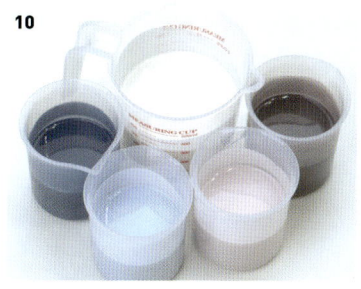

10
플라스틱 비커에 비누액을 아래와 같이 나누고 각각의 분말을 첨가하여 골고루 섞어둡니다.

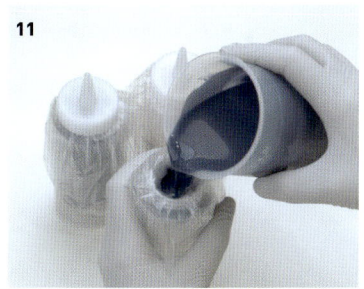

11
뾰족한 튜브 용기에 일회용 비닐백을 넣고 비닐백 안에 다섯 가지 컬러의 비누액을 넣습니다.

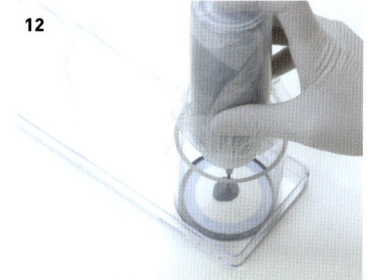

12
뾰족한 튜브 용기를 정중앙에서 똑바로 세우고 살며시 눌러 네이비, 스카이, 화이트 컬러의 비누액을 차례대로 넣습니다.

컬러별 비누액 배분

컬러	비누액	첨가물 종류	액상 첨가물	비고
네이비	180g	청대	1g	오일에 개어둔 액상
		숯	1g	오일에 개어둔 액상
		티타늄디옥사이드 액상(비누용)	2g	–
스카이	180g	청대	1g	오일에 개어둔 액상
		티타늄디옥사이드 액상(비누용)	2g	–
브라운	180g	코코아	2g	오일에 개어둔 액상
		티타늄디옥사이드 액상(비누용)	2g	–
핑크	180g	칼라민	4g	오일에 개어둔 액상
		티타늄디옥사이드 액상(비누용)	1g	–
화이트	300g	진주	3g	오일에 개어둔 액상
		티타늄디옥사이드 액상(비누용)	1g	–

— HOW TO MAKE —

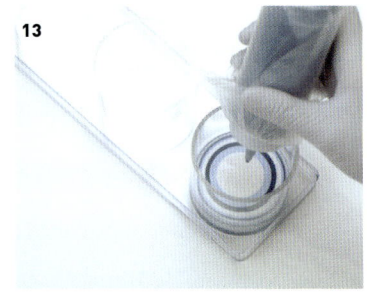

13

자유롭게 양을 조절하며 아크릴 몰드에 비누액을 가득 채웁니다.

14

뾰족한 튜브 용기를 정중앙에서 똑바로 세우고 살며시 눌러 브라운, 핑크, 화이트 컬러의 비누액을 차례대로 넣습니다.

15

자유롭게 양을 조절하며 아크릴 몰드에 비누액을 가득 채웁니다.

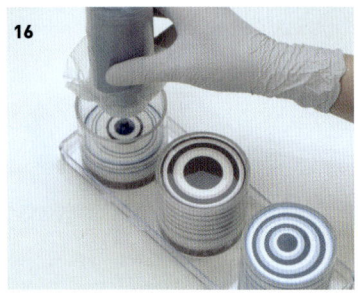

16

남은 비누액을 번갈아가며 세 번째 아크릴 몰드에 모두 넣습니다.

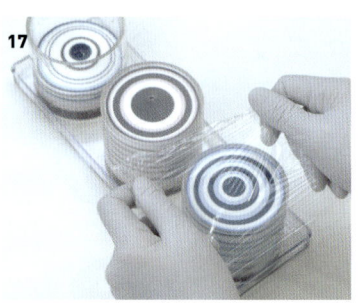

17

아크릴 몰드의 입구를 랩으로 덮고 보온을 시작합니다.

18 보온이 끝난 비누는 원하는 사이즈로 커팅하고 4주 이상 충분히 건조기간을 거친 후 사용합니다.

19 커팅 후 6~8주 충분히 건조된 비누는 진공포장을 해두면 오랜 시간 깔끔한 상태로 보관할 수 있습니다.

○ 뾰족한 튜브 용기 안에 일회용 비닐백을 끼운 후 그 비닐 안에 비누액을 넣고 사용하면 편리합니다.

사막의 선인장 비누
Desert Cactus Soap

CP DESIGN SOAP

LEVEL ●●●●○

ingredient

완성품 용량 : 약 1,200g

베이스 오일

오일류	용량	오일 구성 비율	비고
코코넛	200g	28.6%	–
팜	200g	28.6%	–
살구씨	160g	22.8%	–
스위트아몬드	100g	14.3%	–
옥수수배아	40g	5.7%	–
합계	700g	100%	

가성소다 수용액

재료	용량	비고
가성소다(순도 98%)	109g	디스카운트 없음
정제수(28%)	196g	얼음 156g 내외 + 나머지 정제수

첨가 재료

종류	비고
에센셜 오일(20ml)	라벤더 10ml + 제라늄 10ml
천연분말	상황버섯, 청대
옥사이드	머스터드옐로, 티타늄디옥사이드 액상(비누용)

지방산 구성 비율

포화지방산(40.0%)				불포화지방산(55.6%)				기타(4.3%)
라우르산	미리스트산	팔미트산	스테아르산	리시놀레산	올레산	리놀레산	리놀렌산	기타
13.7%	5.7%	18.2%	2.4%	0%	40.5%	15.1%	0.1%	4.3%

basic tools

가열기구, 핸드 블렌더, 디지털 저울, 디지털 온도계

비커, 스크류 용기, 실리콘 주걱, 스푼, 채, 니트릴 장갑

실리콘 몰드(1kg용)

쿠키커터(선인장), 사각형 아크릴(비누 윗면 정리용)

HOW TO MAKE

• 준비 과정 •

상황버섯, 청대 분말을 각각 해바라기씨 오일에 미리 개어둔다(243쪽 분말과 오일의 희석비율 참조).

선인장 부분에 사용할 CP비누(그린 컬러)

1

스크류 용기에 얼음과 정제수를 계량하고 작은 스테인리스 비커에 가성소다를 계량합니다.

2

정제수에 가성소다를 넣고 곧바로 뚜껑을 닫은 후 흔들어 가성소다 수용액을 만듭니다.

3

포화지방산이 많은 오일(코코넛, 팜, 라드 등)을 먼저 계량하고 60~62℃로 가열합니다.

4

나머지 베이스 오일도 계량하고 40℃가 되도록 온도를 맞춥니다.

5

가성소다 수용액을 채로 걸러 베이스 오일에 넣습니다(가성소다 수용액의 온도는 30~40℃가 적절함).

6

실리콘 주걱으로 2분 정도 가볍게 저어줍니다.

— HOW TO MAKE —

7

핸드 블렌더의 속도를 저속으로 작동하여 골고루 섞어줍니다.

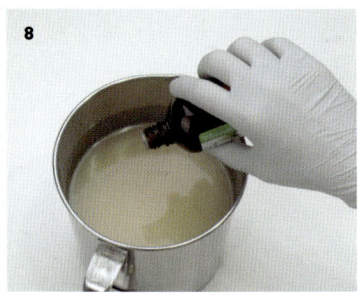

8

에센셜 오일을 첨가하고 실리콘 주걱으로 충분히 저어줍니다.

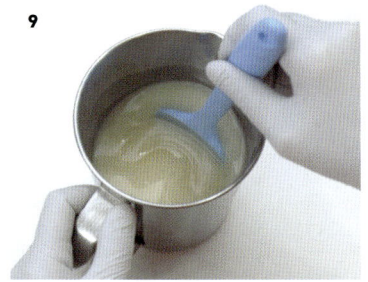

9

4단계 트레이스 시점까지 자연스럽게 진행되도록 시간을 두고 천천히 비누액을 저어줍니다.

10

플라스틱 비커에 비누액을 아래와 같이 나누고 각각의 분말을 첨가하여 골고루 섞어둡니다.

11

그린크롬옥사이드를 넣고 미리 만들어둔 CP비누를 선인장 모양 쿠키커터로 찍어 준비합니다.

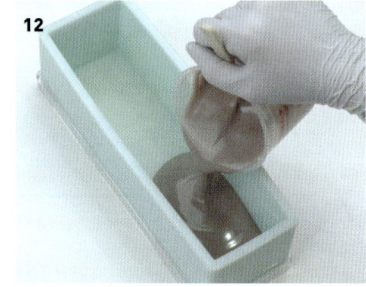

12

브라운 컬러의 비누액을 실리콘 몰드에 모두 넣습니다.

컬러별 비누액 배분

컬러	비누액	첨가물 종류	액상 첨가물	비고
브라운	150g	상황버섯	1g	오일에 개어둔 액상
		머스터드옐로옥사이드 액상(비누용)	2g	–
		티타늄디옥사이드 액상(비누용)	1g	–
스카이	850g	청대	8g	오일에 개어둔 액상
		티타늄디옥사이드 액상(비누용)	10g	–

선인장 모양의 비누를 몰드의 중간쯤에 간격을 붙여 일렬로 세워둡니다.

선인장이 움직이지 않도록 스카이 컬러의 비누액을 실리콘 주걱으로 떠서 살며시 넣습니다.

사각형 아크릴을 이용하여 비누 윗면을 쌓아서 정리합니다.

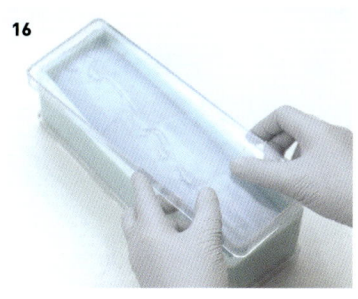

실리콘 몰드의 뚜껑을 닫고 보온을 시작합니다.

17 보온이 끝난 비누는 원하는 사이즈로 커팅하고 4주 이상 충분히 건조기간을 거친 후 사용합니다.

18 커팅 후 6~8주 충분히 건조된 비누는 진공포장을 해두면 오랜 시간 깔끔한 상태로 보관할 수 있습니다.

- 길이가 긴 형태의 속비누용 몰드가 없거나 원하는 모양이 없을 경우 미리 만들어둔 CP비누를 쿠키커터로 찍은 후 간격을 붙이고 일렬로 세워 속비누로 활용할 수 있습니다.

미니언즈 캐릭터 비누
Minions Character Soap

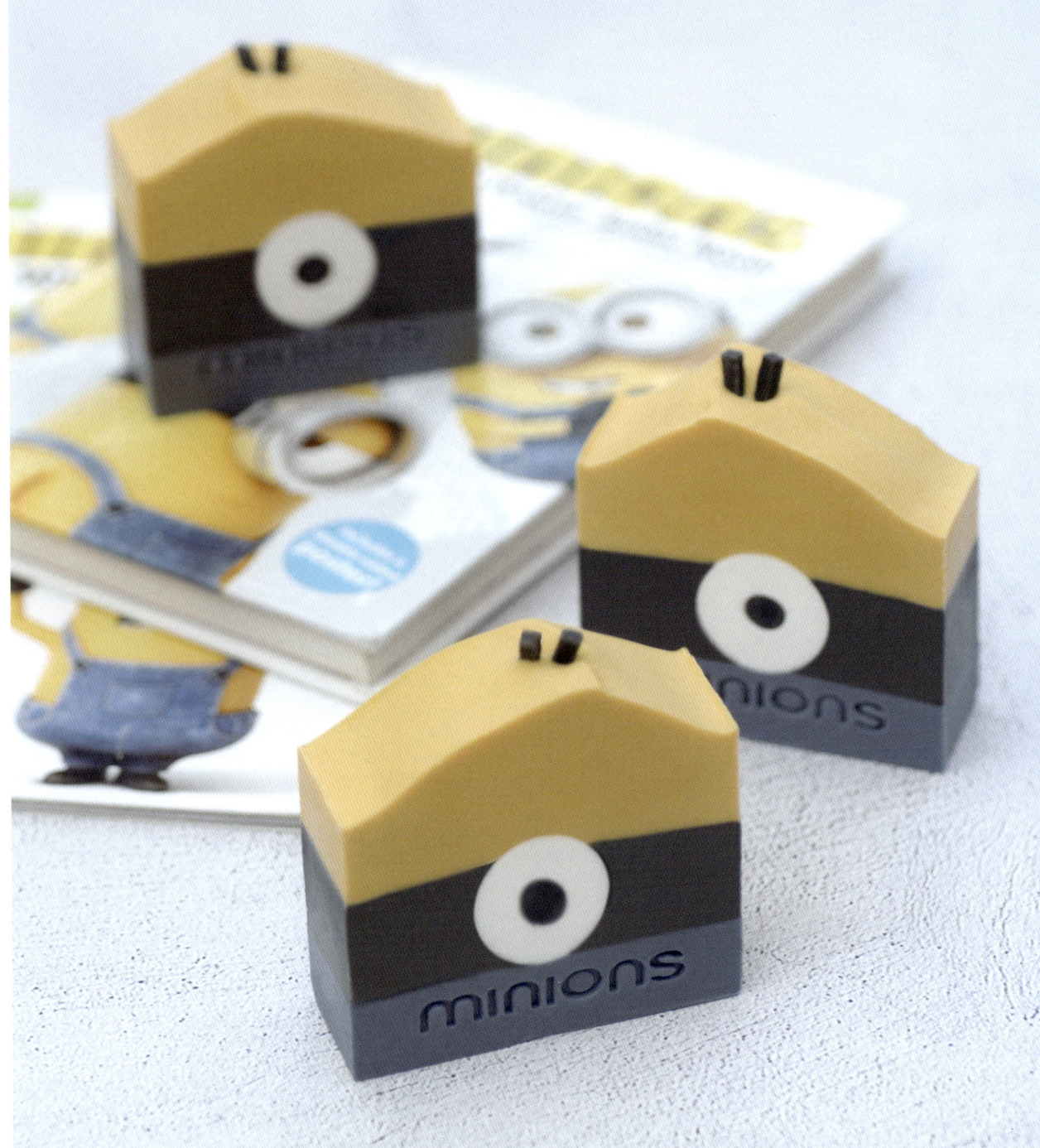

CP DESIGN SOAP

LEVEL ●●●●○

ingredient

완성품 용량 : 약 1,130g

베이스 오일

오일류	용량	오일 구성 비율	비고
코코넛	170g	24.3%	-
팜	170g	24.3%	-
마카다미아 너트	80g	11.4%	-
올리브	200g	28.6%	-
해바라기씨	80g	11.4%	-
합계	700g	100%	

가성소다 수용액

재료	용량	비고
가성소다(순도 98%)	107.1g	디스카운트 없음
정제수(28%)	196g	얼음 156g 내외 + 나머지 정제수

첨가 재료

종류	비고
에센셜 오일(20ml)	라벤더 10ml + 스위트오렌지 10ml
천연분말	천연발효쪽, 숯, 호박
옥사이드	옐로레이크, 티타늄디옥사이드 액상(비누용)

지방산 구성 비율

포화지방산(39.0%)				불포화지방산(54.7%)				기타(6.3%)
라우르산	미리스트산	팔미트산	스테아르산	리시놀레산	올레산	리놀레산	리놀렌산	기타
11.7%	4.9%	18.7%	3.8%	0%	39.7%	14.6%	0.4%	6.3%

basic tools

가열기구, 핸드 블렌더, 디지털 저울, 디지털 온도계

비커, 스크류 용기, 실리콘 주걱, 스푼, 채, 니트릴 장갑

실리콘 몰드(1k용)

쿠키커터(원기둥형), 사각형 아크릴(비누 윗면 정리용), 핀셋

HOW TO MAKE

•준비과정•

천연발효쪽, 카올린 클레이 분말을 각각 해바라기씨 오일에 미리 개어둔다(243쪽 분말과 오일의 희석비율 참조).

미니언즈 안경(화이트 컬러의 원기둥 모양 비누)과 머리카락·눈 부분(블랙 컬러의 자투리 비누)에 사용할 비누를 준비한다.

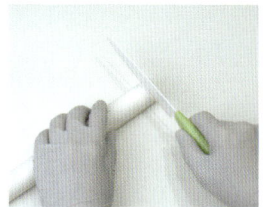 

1
스크류 용기에 얼음과 정제수를 계량하고 작은 스테인리스 비커에 가성소다를 계량합니다.

2
정제수에 가성소다를 넣고 곧바로 뚜껑을 닫은 후 흔들어 가성소다 수용액을 만듭니다.

3
포화지방산이 많은 오일(코코넛, 팜, 라드 등)을 먼저 계량하고 60~62℃로 가열합니다.

4
나머지 베이스 오일도 계량하고 40℃가 되도록 온도를 맞춥니다.

5
가성소다 수용액을 채로 걸러 베이스 오일에 넣습니다(가성소다 수용액의 온도는 30~40℃가 적절함).

6
실리콘 주걱으로 2분 정도 가볍게 저어줍니다.

7

핸드 블렌더의 속도를 저속으로 작동하여 골고루 섞어줍니다.

8

에센셜 오일을 첨가하고 실리콘 주걱으로 충분히 저어줍니다.

9

3단계 트레이스 시점까지 자연스럽게 진행되도록 시간을 두고 천천히 비누액을 저어줍니다.

10

플라스틱 비커에 비누액을 아래와 같이 나누고 각각의 분말을 첨가하여 골고루 섞어둡니다.

11

네이비 컬러의 비누액을 실리콘 몰드에 모두 넣고 잠시 보온을 합니다.

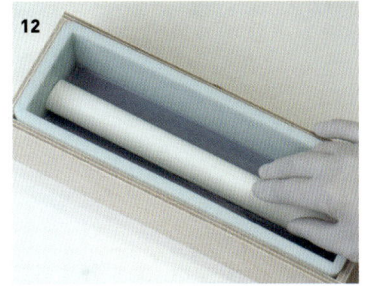

12

비누액 윗면이 굳으면 원기둥 모양의 속비누를 몰드의 중간지점에 살며시 올려놓습니다.

컬러별 비누액 배분

컬러	비누액	첨가물 종류	액상 첨가물	비고
네이비	250g	천연발효쪽	1g	오일에 개어둔 액상
		티타늄디옥사이드 액상(비누용)	3g	-
블랙	250g	숯	4g	오일에 개어둔 액상
옐로	410g	호박	10g	오일에 개어둔 액상
		옐로레이크 액상(비누용)	5g	-
		티타늄디옥사이드 액상(비누용)	3g	-

― HOW TO MAKE ―

비누액 윗면이 살짝 굳으면 블랙 컬러의 비누액을 넣고 살짝 군을 때까지 잠시 보온을 합니다.

비누액 윗면이 살짝 굳으면 옐로 컬러의 비누액을 모두 스푼으로 조심히 떠서 넣습니다.

사각형 아크릴을 이용하여 비누 윗면을 쌓아서 정리합니다.

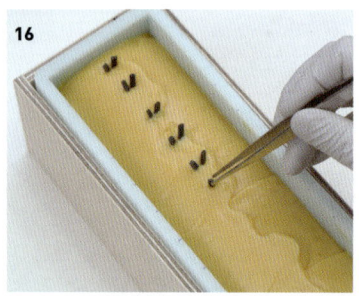

미니언즈 머리카락 부분에 사용하기 위해 잘라둔 블랙 컬러의 비누를 꽂아줍니다.

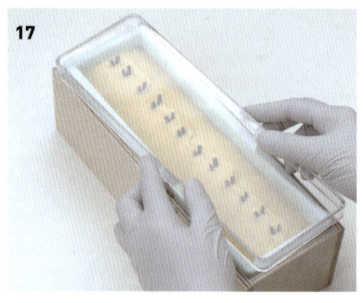

실리콘 몰드의 뚜껑을 닫고 보온을 시작합니다.

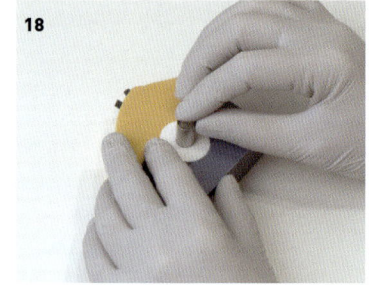

보온이 끝난 비누는 원하는 사이즈로 커팅하고 작은 원형 쿠키커터로 흰색 부분의 중심을 동그랗게 뚫어줍니다.

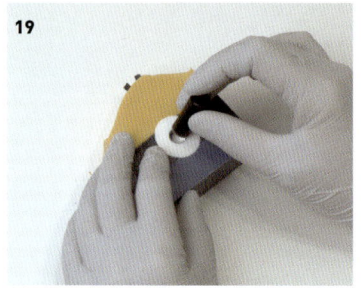

뚫어준 부분에 블랙 컬러의 자투리 비누를 넣고 꼭꼭 눌러줍니다.

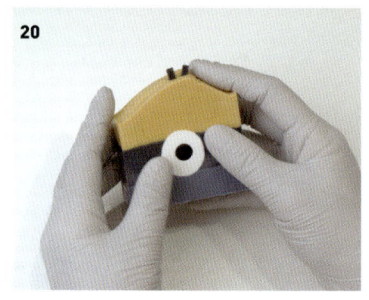

4주 이상 충분히 건조시킨 후 사용합니다.

오블리크 웨이브 비누
Oblique Wave Soap

CP DESIGN SOAP LEVEL ●●●●●

ingredient

완성품 용량 : 약 500g

베이스 오일

오일류	용량	오일 구성 비율	비고
코코넛	100g	28.6%	-
팜	100g	28.6%	-
마카다미아 너트	40g	11.4%	-
올리브	110g	31.4%	-
합계	350g	100%	

가성소다 수용액

재료	용량	비고
가성소다(순도 98%)	54.5g	디스카운트 없음
정제수(29%)	101g	얼음 80g 내외 + 나머지 정제수

첨가 재료

종류	비고
에센셜 오일(10ml)	라벤더 5ml + 스피아민트 5ml
천연분말	숯
마이카	터카이즈
옥사이드	티타늄디옥사이드 액상(비누용)

지방산 구성 비율

포화지방산(43.8%)				불포화지방산(49.6%)				기타(6.6%)
라우르산	미리스트산	팔미트산	스테아르산	리시놀레산	올레산	리놀레산	리놀렌산	기타
13.7%	5.7%	20.6%	3.8%	0%	41.9%	7.4%	0.3%	6.6%

basic tools

가열기구, 핸드 블렌더, 디지털 저울, 디지털 온도계

비커, 스크류 용기, 실리콘 주걱, 스푼, 채, 니트릴 장갑

실리콘 몰드(500g용)

몰드를 기울이기 위한 받침대(500g 몰드 뚜껑)

— HOW TO MAKE —

•준비 과정•

숯 분말을 해바라기씨 오일에 개어둔다(243쪽 분말과 오일의 희석비율 참조).

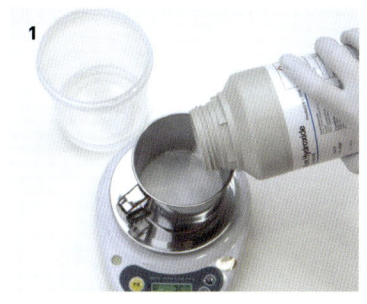

1. 스크류 용기에 얼음과 정제수를 계량하고 작은 스테인리스 비커에 가성소다를 계량합니다.

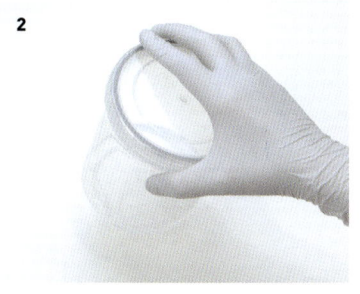

2. 정제수에 가성소다를 넣고 곧바로 뚜껑을 닫은 후 흔들어 가성소다 수용액을 만듭니다.

3. 포화지방산이 많은 오일(코코넛, 팜, 라드 등)을 먼저 계량하고 60~62℃로 가열합니다.

4. 나머지 베이스 오일도 계량하고 40℃가 되도록 온도를 맞춥니다.

5. 가성소다 수용액을 채로 걸러 베이스 오일에 넣습니다(가성소다 수용액의 온도는 30~40℃가 적절함).

6. 실리콘 주걱으로 2분 정도 가볍게 저어줍니다.

HOW TO MAKE

7

핸드 블렌더의 속도를 저속으로 작동하여 골고루 섞어줍니다.

8

에센셜 오일을 첨가하고 실리콘 주걱으로 충분히 저어줍니다.

9

2단계 트레이스 시점까지 자연스럽게 진행되도록 시간을 두고 천천히 비누액을 저어줍니다.

10

플라스틱 비커에 비누액을 아래와 같이 나누고 각각의 분말을 첨가하여 골고루 섞어둡니다.

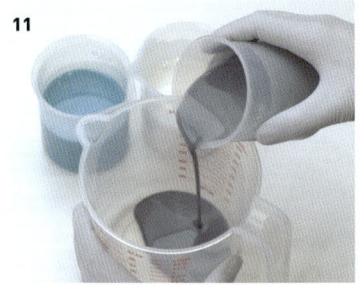

11

1리터 플라스틱 비커에 그레이 컬러의 비누액을 모두 넣습니다.

12

플라스틱 비커의 벽을 타고 흐르도록 터콰이즈 컬러의 비누액을 모두 넣습니다.

컬러별 비누액 배분

컬러	비누액	첨가물 종류	액상 첨가물	비고
터콰이즈	170g	터콰이즈 마이카(터콰이즈)	소량	시약 스푼 1/3
		티타늄디옥사이드 액상(비누용)	5방울	-
그레이	170g	숯	1g	오일에 개어둔 액상
		티타늄디옥사이드 액상(비누용)	1g	
화이트	170g	티타늄디옥사이드 액상(비누용)	2g	-

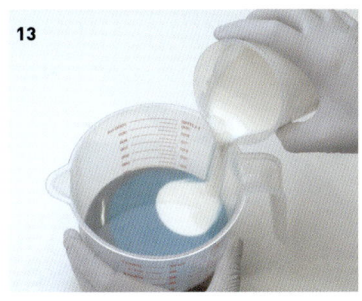
화이트 컬러의 비누액도 과정 12와 같은 방법으로 모두 넣습니다.

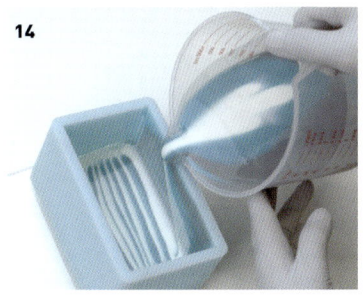
받침대를 받치고 몰드를 기울여둔 채로 벽을 타고 흐르도록 비누액을 왕복해서 넣습니다.

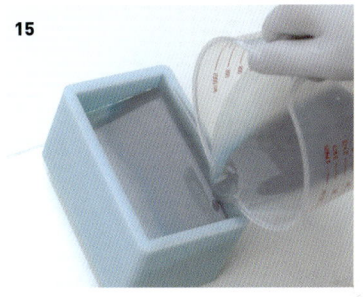
비누액을 모두 몰드에 넣습니다.

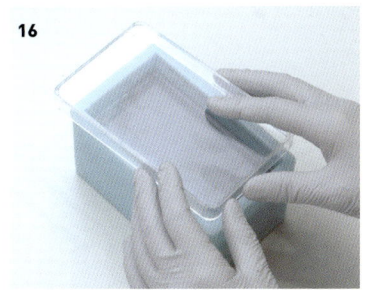
실리콘 몰드의 뚜껑을 닫고 보온을 시작합니다.

17 보온이 끝난 비누는 원하는 사이즈로 커팅하고 4주 이상 충분히 건조기간을 거친 후 사용합니다.

18 커팅 후 6~8주 충분히 건조된 비누는 진공포장을 해두면 오랜 시간 깔끔한 상태로 보관할 수 있습니다.

토네이도 비누
Tornado Soap

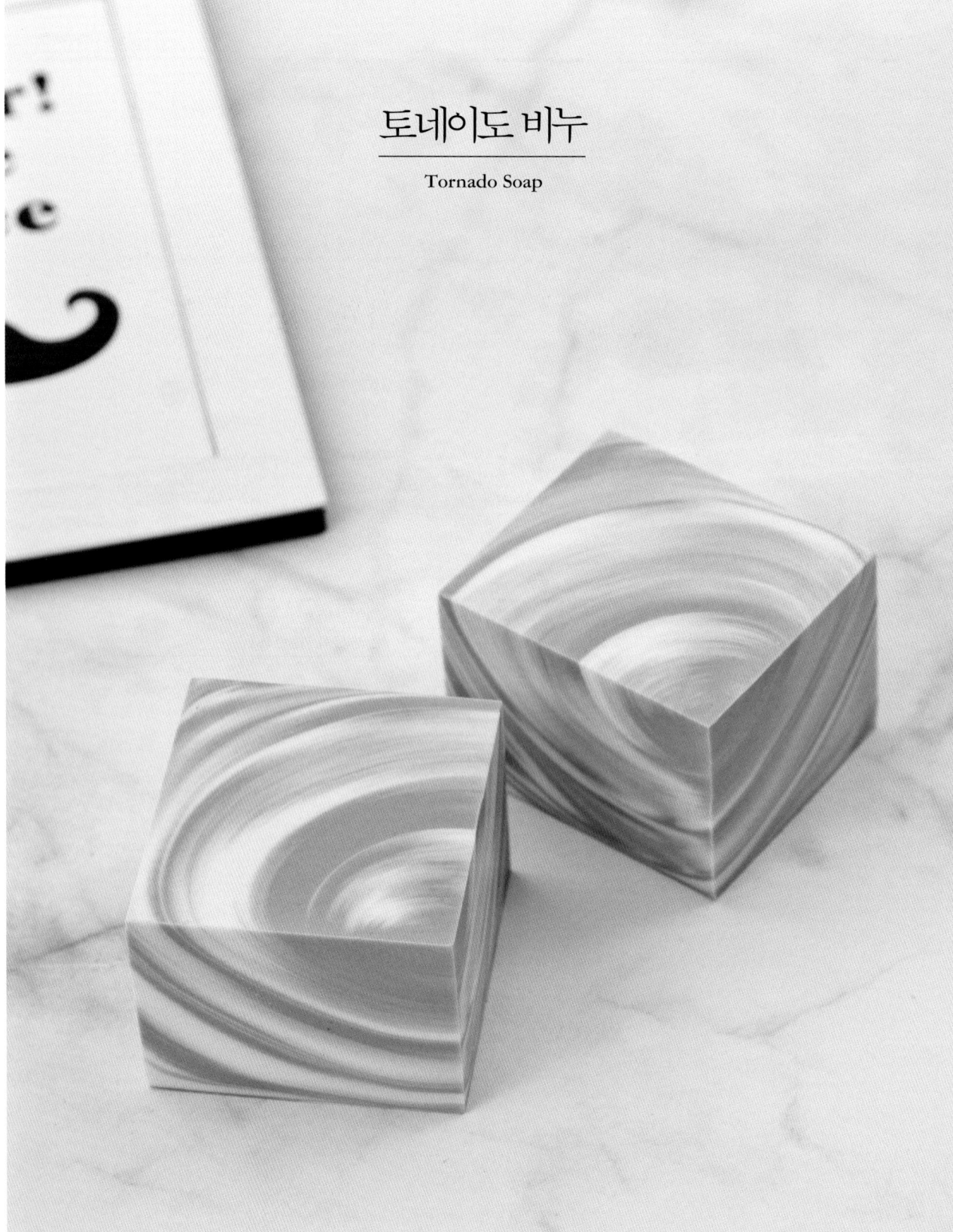

CP DESIGN SOAP

LEVEL ●●●●●

ingredient

완성품 용량 : 약 520g

베이스 오일

오일류	용량	오일 구성 비율	비고
코코넛	180g	50%	-
살구씨	100g	27.8%	-
해바라기씨	80g	22.2%	-
합계	360g	100%	

가성소다 수용액

재료	용량	비고
가성소다(순도 98%)	59.6g	디스카운트 없음
정제수(29%)	104g	얼음 80g 내외 + 나머지 정제수

첨가 재료

종류	비고
에센셜 오일(10ml)	라벤더 5ml + 티트리 5ml
천연분말	천연발효쪽, 카올린 클레이
옥사이드	인디언핑크, 티타늄디옥사이드 액상(비누용)

지방산 구성 비율

포화지방산(43.6%)				불포화지방산(50.2%)				기타(6.2%)
라우르산	미리스트산	팔미트산	스테아르산	리시놀레산	올레산	리놀레산	리놀렌산	기타
24%	9.5%	7.7%	2.4%	0%	25.9%	24.1%	0.2%	6.2%

basic tools

가열기구, 핸드 블렌더, 디지털 저울, 디지털 온도계
비커, 스크류 용기, 실리콘 주걱, 스푼, 채, 니트릴 장갑
실리콘 몰드(500g용)
뾰족한 비커

HOW TO MAKE

•준비 과정•

천연발효쪽, 카올린 클레이 분말을 각각 해바라기씨 오일에 미리 개어둔다(243쪽 분말과 오일의 희석비율 참조).

1
스크류 용기에 얼음과 정제수를 계량하고 작은 스테인리스 비커에 가성소다를 계량합니다.

2
정제수에 가성소다를 넣고 곧바로 뚜껑을 닫은 후 흔들어 가성소다 수용액을 만듭니다.

3
포화지방산이 많은 오일(코코넛, 팜, 라드 등)을 먼저 계량하고 60~62℃로 가열합니다.

4
나머지 베이스 오일도 계량하고 40℃가 되도록 온도를 맞춥니다.

5
가성소다 수용액을 채로 걸러 베이스 오일에 넣습니다(가성소다 수용액의 온도는 30~40℃가 적절함).

6
실리콘 주걱으로 2분 정도 가볍게 저어줍니다.

7
핸드 블렌더의 속도를 저속으로 작동하여 골고루 섞어줍니다.

8
에센셜 오일을 첨가하고 실리콘 주걱으로 충분히 저어줍니다.

9
2단계 트레이스 시점까지 자연스럽게 진행되도록 시간을 두고 천천히 비누액을 저어줍니다.

10
플라스틱 비커에 비누액을 아래와 같이 나누고 각각의 분말을 첨가하여 골고루 섞어둡니다.

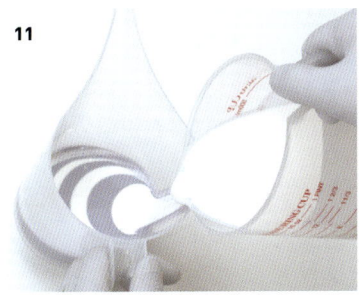

11
뾰족한 비커에 두 컬러의 1/2 용량을 번갈아가며 넣습니다.

12
실리콘 몰드 가로의 중간지점에서 뾰족한 비커를 몰드에 대지 않고 벽을 타고 흐르도록 비누액을 넣습니다.

컬러별 비누액 배분

컬러	비누액	첨가물 종류	액상 첨가물	비고
바이올렛	250g	천연발효쪽	0.5g	오일에 개어둔 액상
		인디언핑크옥사이드 액상(비누용)	2g	-
		티타늄디옥사이드 액상(비누용)	1g	-
화이트	250g	카올린 클레이	2g	오일에 개어둔 액상
		티타늄디옥사이드 액상(비누용)	3g	-

— HOW TO MAKE —

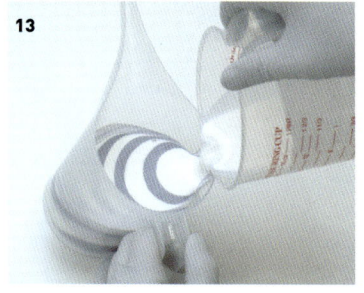

13

남은 비누액을 모두 뾰족한 비커에 번갈아가며 넣습니다.

14

같은 지점에서 과정 12를 반복하여 비누액을 모두 넣습니다.

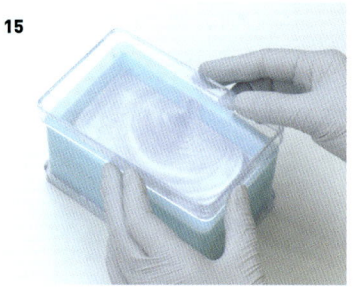

15

실리콘 몰드의 뚜껑을 닫고 보온을 시작합니다.

16 보온이 끝난 비누는 원하는 사이즈로 커팅하고 4주 이상 충분히 건조기간을 거친 후 사용합니다.

17 커팅 후 6~8주 충분히 건조된 비누는 진공포장을 해두면 오랜 시간 깔끔한 상태로 보관할 수 있습니다.

tip

○ 비누액을 몰드에 넣을 때 뾰족한 비커를 흔들지 마세요. 트레이스가 약한 상태이므로 비커를 흔들면 비커 안에 들어 있는 비누액이 흔들리면서 섞여 마블선이 불분명해집니다.

○ 뾰족한 비커는 한 손으로만 들고 남은 한 손으로 비커를 받치지 않아야 디테일한 회오리 라인을 만들 수 있습니다.

타피오카 밀크티 비누
Tapioca Milk Tea Soap

CP DESIGN SOAP

LEVEL ●●●●●

ingredient

완성품 용량 : 약 1,250g

베이스 오일

오일류	용량	오일 구성 비율	비고
코코넛	220g	30.2%	-
팜	220g	30.2%	-
마카다미아 너트	80g	10.9%	-
올리브	130g	17.8%	-
해바라기씨	80g	10.3%	-
합계	730g	100%	

가성소다 수용액

재료	용량	비고
가성소다(순도98%)	114.4g	디스카운트 없음
정제수(29%)	211g	얼음 165g 내외 + 나머지 정제수

첨가 재료

종류	비고
에센셜 오일(10ml)	라벤더 10ml + 그레이프프루트 5ml
천연분말	숯, 옐로 클레이, 코코아
옥사이드	티타늄디옥사이드 액상(비누용)
투명 비누 베이스	220g

지방산 구성 비율

포화지방산(44.6%)				불포화지방산(48.6%)				기타(6.8%)
라우르산	미리스트산	팔미트산	스테아르산	리시놀레산	올레산	리놀레산	리놀렌산	기타
14.5%	6.0%	20.2%	3.9%	0%	34.7%	13.6%	0.3%	6.8%

basic tools

가열기구, 핸드 블렌더, 디지털 저울, 디지털 온도계

비커, 스크류 용기, 실리콘 주걱, 스푼, 채, 니트릴 장갑

아크릴 몰드 또는 실리콘 몰드(1kg용)

쿠키커터(원기둥형), 빨대, 비닐 짤주머니, 깍지(864), 가위

HOW TO MAKE

• 준비 과정 •

옐로 클레이, 코코아 분말을 각각 해바라기씨 오일에 미리 개어둔다(243쪽 분말과 오일의 희석비율 참조).

투명 비누 베이스를 녹이고 숯 분말을 첨가하여 블랙 컬러를 만든 후 굵은 빨대(지름 1.2cm)에 넣고 굳힌다(10개).

빨대 부분으로 사용할 CP비누(원하는 컬러)를 지름이 작은 원형 쿠키커터로 찍어 준비한다.

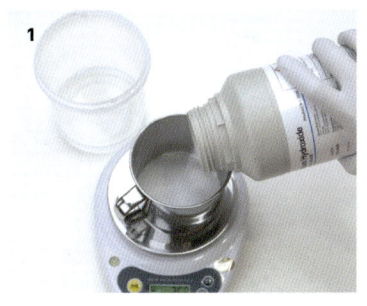

1 스크류 용기에 얼음과 정제수를 계량하고 작은 스테인리스 비커에 가성소다를 계량합니다.

2 정제수에 가성소다를 넣고 곧바로 뚜껑을 닫은 후 흔들어 가성소다 수용액을 만듭니다.

3 포화지방산이 많은 오일(코코넛, 팜, 라드 등)을 먼저 계량하고 60~62℃로 가열합니다.

4 나머지 베이스 오일도 계량하고 40℃가 되도록 온도를 맞춥니다.

5 가성소다 수용액을 채로 걸러 베이스 오일에 넣습니다(가성소다 수용액의 온도는 30~40℃가 적절함).

6 실리콘 주걱으로 2분 정도 가볍게 저어줍니다.

HOW TO MAKE

7
핸드 블렌더의 속도를 저속으로 작동하여 골고루 섞어줍니다.

8
에센셜 오일을 첨가하고 실리콘 주걱으로 충분히 저어줍니다.

9
4단계 트레이스 시점까지 자연스럽게 진행되도록 시간을 두고 천천히 비누액을 저어줍니다.

10
플라스틱 비커에 비누액을 아래와 같이 나누고 각각의 분말을 첨가하여 골고루 섞어둡니다.

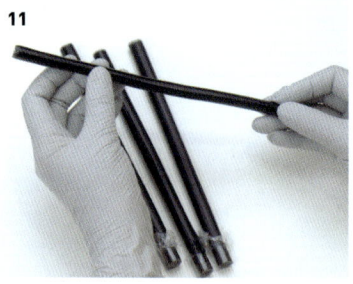

11
굵은 빨대에 넣어 굳힌 MP비누를 꺼내어 몰드의 가로 사이즈에 맞게 잘라둡니다.

12
밀크티 컬러의 비누액 200g을 몰드에 넣습니다.

컬러별 비누액 배분

컬러	비누액	첨가물 종류	액상 첨가물	비고
밀크티	750g	옐로 클레이	4g	오일에 개어둔 액상
		코코아	1g	오일에 개어둔 액상
		티타늄디옥사이드 액상(비누용)	8g	-
화이트	270g	티타늄디옥사이드 액상(비누용)	5g	-
브라운	50g	코코아	1g	오일에 개어둔 액상

과정 11의 비누 4~5개를 몰드에 넣습니다.

밀크티 컬러의 비누액을 위에 덮습니다.

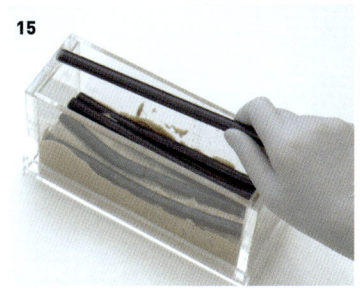

과정 11에 남은 비누를 모두 넣습니다.

밀크티 컬러의 비누액도 모두 넣습니다.

화이트 컬러의 비누액을 짤주머니에 담습니다(238쪽 짤주머니에 깍지 끼우기 참조).

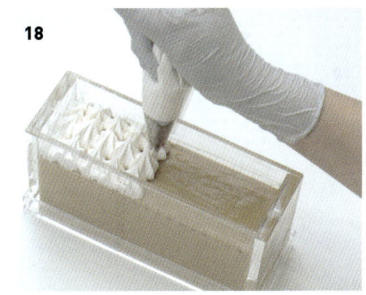

과정 16의 비누액 위에 크림부분을 짜 넣습니다.

짤주머니에 브라운 컬러의 비누액을 넣고 끝을 조금 잘라낸 후 크림부분 위에 얇게 짜 넣습니다.

빨대 부분의 비누를 적당한 간격으로 비스듬히 꽂아둡니다.

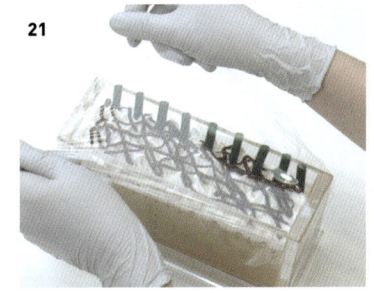

아크릴 몰드의 입구를 랩으로 덮고 보온을 시작합니다.

22 보온이 끝난 비누는 원하는 사이즈로 커팅하고 4주 이상 충분히 건조기간을 거친 후 사용합니다.

23 커팅 후 6~8주 충분히 건조된 비누는 진공포장을 해두면 오랜 시간동안 깔끔한 상태로 보관할 수 있습니다.

별이 빛나는 밤 비누
Starry Night Soap

CP DESIGN SOAP

LEVEL ●●●●●

ingredient

완성품 용량 : 약 1,200g

베이스 오일

오일류	용량	오일 구성 비율	비고
코코넛	230g	29.5%	-
팜	230g	29.5%	-
살구씨	100g	12.8%	-
옥수수배아	100g	12.8%	-
헤이즐넛	120g	15.4%	-
합계	780g	100%	

가성소다 수용액

재료	용량	비고
가성소다(순도 98%)	121.9g	디스카운트 없음
정제수(29%)	226g	얼음 168g 내외 + 나머지 정제수

첨가 재료

종류	비고
에센셜 오일(20ml)	라벤더 10ml + 유칼립투스 10ml
천연분말	숯, 청대
마이카	옐로
CP비누 조각(50g)	화이트
별 모양 속비누	MP비누 또는 CP비누

지방산 구성 비율

포화지방산(41.8%)				불포화지방산(53.2%)				기타(5.0%)
라우르산	미리스트산	팔미트산	스테아르산	리시놀레산	올레산	리놀레산	리놀렌산	기타
14.2%	5.9%	18.7%	3.1%	0%	38.0%	15.1%	0.1%	5.0%

basic tools

가열기구, 핸드 블렌더, 디지털 저울, 디지털 온도계

비커, 스크류 용기, 실리콘 주걱, 스푼, 채, 니트릴 장갑

실리콘 몰드(1kg용)

별 모양 기둥 몰드, 미니 믹서, 사각형 아크릴(비누 윗면 정리용), 미니 인퓨저

— HOW TO MAKE —

•준비 과정•

숯, 청대 분말을 각각 해바라기씨 오일에 미리 개어둔다(243쪽 분말과 오일의 희석비율 참조).
별 모양 기둥 몰드를 이용하여 별 모양 비누를 완성한 후 몰드 길이에 맞게 재단해둔다(MP비누, CP비누 모두 가능).
미니 믹서를 사용하여 비누 조각을 잘게 갈아둔다.

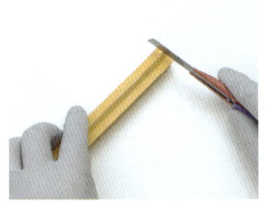 

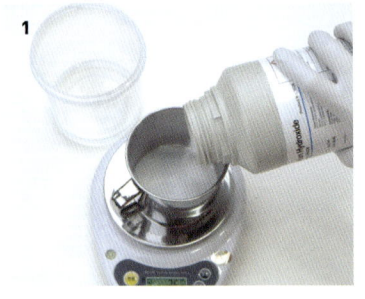

1 스크류 용기에 얼음과 정제수를 계량하고 작은 스테인리스 비커에 가성소다를 계량합니다.

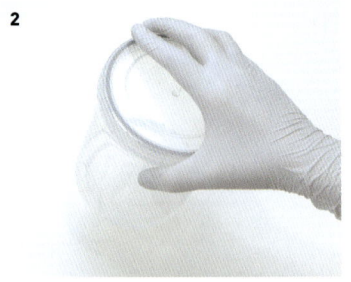

2 정제수에 가성소다를 넣고 곧바로 뚜껑을 닫은 후 흔들어 가성소다 수용액을 만듭니다.

3 포화지방산이 많은 오일(코코넛, 팜, 라드 등)을 먼저 계량하고 60~62℃로 가열합니다.

4 나머지 베이스 오일도 계량하고 40℃가 되도록 온도를 맞춥니다.

5 가성소다 수용액을 채로 걸러 베이스 오일에 넣습니다(가성소다 수용액의 온도는 30~40℃가 적절함).

6 실리콘 주걱으로 2분 정도 가볍게 저어줍니다.

7

핸드 블렌더의 속도를 저속으로 작동하여 골고루 섞어줍니다.

8

에센셜 오일을 첨가하고 실리콘 주걱으로 충분히 저어줍니다.

9

4단계 트레이스 시점까지 자연스럽게 진행되도록 시간을 두고 천천히 비누액을 저어줍니다.

10

플라스틱 비커에 비누액을 아래와 같이 나누고 각각의 분말을 첨가하여 골고루 섞어둡니다.

11

블랙 컬러의 비누액 250g을 실리콘 몰드에 넣습니다.

12

인퓨저에 마이카를 반 스푼정도 넣고 비누 윗면이 완전히 덮이도록 골고루 뿌립니다.

컬러별 비누액 배분

컬러	비누액	첨가물 종류	액상 첨가물	비고
블랙	250g	숯	5g	오일에 개어둔 액상
블루	900g	숯	3g	오일에 개어둔 액상
		청대	10g	오일에 개어둔 액상

― HOW TO MAKE ―

13 믹서에 갈아둔 화이트 컬러의 CP 조각 비누를 모두 넣습니다.

14 스푼을 대고 비누액의 1/2 정도를 몰드에 넣습니다.

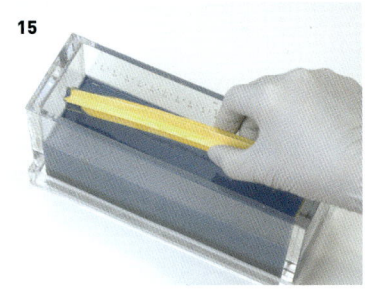

15 별 모양 속비누를 원하는 자리에 위치합니다.

16 과정 14에서 남겨둔 비누액을 모두 몰드에 넣습니다.

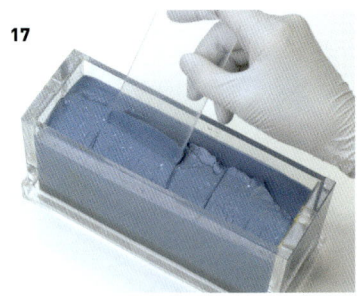

17 사각형 아크릴을 이용하여 비누 윗면을 쌓아서 정리합니다.

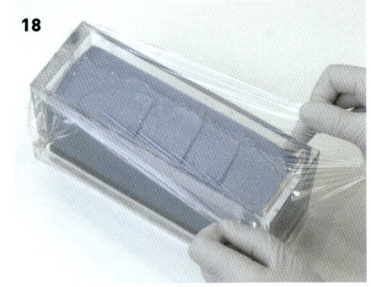

18 아크릴 몰드의 입구를 랩으로 덮고 보온을 시작합니다.

19 보온이 끝난 비누는 원하는 사이즈로 커팅하고 4주 이상 충분히 건조기간을 거친 후 사용합니다.

20 커팅 후 6~8주 충분히 건조된 비누는 진공포장을 해두면 오랜 시간동안 깔끔한 상태로 보관할 수 있습니다.

○ 별 모양 속비누를 CP비누로 만들 경우 비누가 약간 단단한 완성품이 될 수 있도록 코코넛 비율을 높여 레시피를 작성합니다. 속비누에 사용하는 좁고 긴 형태의 비누는 몰드에서 빼낼 때 쉽게 휘어지거나, 적은양의 비누액으로 인해 비누화과정을 거치면서 비누가 단단하지 않고 무를 수 있기 때문입니다.

컵케이크 비누

Cupcake Soap

CP DESIGN SOAP   LEVEL ●●●●●

ingredient

완성품 용량 : 약 500g (100g × 5개)

(빵 부분) 베이스 오일

오일류	용량	오일 구성 비율	비고
코코넛	65g	34.2%	–
팜	65g	34.2%	–
올리브	60g	31.6%	–
합계	190g	100%	

가성소다 수용액

재료	용량	비고
가성소다(순도 98%)	30.2g	디스카운트 없음
정제수(30%)	57g	얼음 45g 내외 + 나머지 정제수

(크림 부분) 베이스 오일

오일류	용량	오일 구성 비율	비고
코코넛	50g	26.3%	–
팜	50g	26.3%	–
올리브	90g	47.4%	–
합계	190g	100%	–

가성소다 수용액

재료	용량	비고
가성소다(순도 98%)	29.2g	디스카운트 없음
정제수(29%)	55g	얼음 45g 내외 + 나머지 정제수

첨가 재료

종류	비고
에센셜 오일(10ml)	라벤더 10ml(각 부분 5ml씩)
천연분말	모링가, 유노하나, 코코아
옥사이드	티타늄디옥사이드 액상(비누용)

basic tools

가열기구, 핸드 블렌더, 디지털 저울, 디지털 온도계

비커, 스크류 용기, 실리콘 주걱, 스푼, 채, 니트릴 장갑

컵케이크 몰드(종이컵으로 대체 가능), 데코 몰드(과일, 나뭇잎 등)

비닐 짤주머니, 각지, 가위, 스크래퍼

— HOW TO MAKE —

· 준비 과정 ·

모링가, 코코아 분말을 해바라기씨 오일에, 유노하나 분말은 정제수에 미리 개어둔다(243쪽 분말과 오일의 희석비율 참조).

약간 촉촉한 자투리 비누를 뭉친 후 과일이나 나뭇잎 데코 몰드에 꼭꼭 눌러서 데코 비누를 만들어둔다.

빵 부분 만들기 과정

1
스크류 용기에 얼음과 정제수를 계량하고 작은 스테인리스 비커에 가성소다를 계량합니다.

2
정제수에 가성소다를 넣고 곧바로 뚜껑을 닫은 후 흔들어 가성소다 수용액을 만듭니다.

3
포화지방산이 많은 오일(코코넛, 팜, 라드 등)을 먼저 계량하고 60~62℃로 가열합니다.

4
나머지 베이스 오일도 계량하고 40℃가 되도록 온도를 맞춥니다.

5
가성소다 수용액을 채로 걸러 베이스 오일에 넣습니다(가성소다 수용액의 온도는 30~40℃가 적절함).

6
실리콘 주걱으로 2분 정도 가볍게 저어줍니다.

HOW TO MAKE

7

핸드 블렌더의 속도를 저속으로 작동하여 골고루 섞어줍니다.

8

에센셜 오일을 첨가하고 실리콘 주걱으로 충분히 저어줍니다.

9

2단계 트레이스 시점까지 자연스럽게 진행되도록 시간을 두고 천천히 비누액을 저어줍니다.

10

플라스틱 비커에 비누액을 아래와 같이 나누고 각각의 분말을 첨가하여 골고루 섞어둡니다.

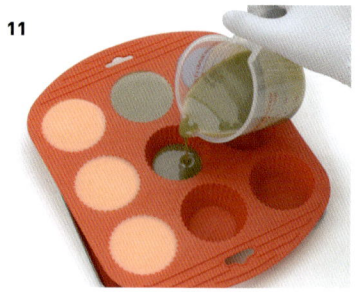

11

비누액을 실리콘 몰드에 모두 넣은 후 뚜껑을 닫고 보온을 시작합니다.

12

보온이 끝난 비누는 몰드에서 꺼냅니다.

컬러별 비누액 배분

컬러	비누액	첨가물 종류	액상 첨가물	비고
그린	1개당 55g	모링가	1개당 1g	오일에 개어둔 액상
브라운	1개당 55g	코코아	1개당 1g	오일에 개어둔 액상
옐로	1개당 55g	유노하나	1개당 1g	

크림 부분 만들기 과정

1 스크류 용기에 얼음과 정제수를 계량하고 작은 스테인리스 비커에 가성소다를 계량합니다.

2 정제수에 가성소다를 넣고 곧바로 뚜껑을 닫은 후 흔들어 가성소다 수용액을 만듭니다.

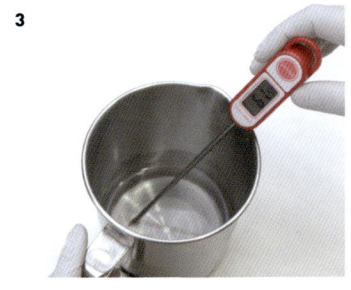

3 포화지방산이 많은 오일(코코넛, 팜, 라드 등)을 먼저 계량하고 60~62℃로 가열합니다.

4 나머지 베이스 오일도 계량하고 40℃가 되도록 온도를 맞춥니다.

5 가성소다 수용액을 채로 걸러 베이스 오일에 넣습니다(가성소다 수용액의 온도는 30~40℃가 적절함).

6 실리콘 주걱으로 2분 정도 가볍게 저어줍니다.

HOW TO MAKE

7
핸드 블렌더의 속도를 저속으로 작동시켜 골고루 섞어줍니다.

8
에센셜 오일을 첨가하고 실리콘 주걱으로 충분히 저어줍니다.

9
5단계 트레이스 시점까지 자연스럽게 진행되도록 시간을 두고 천천히 비누액을 저어줍니다.

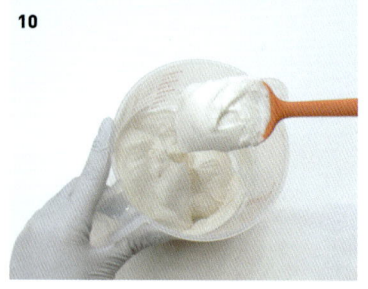
10
티타늄디옥사이드 액상(비누용)을 첨가하여 화이트 컬러의 비누액을 만들고 비누액이 걸쭉한 상태가 될 때까지 가끔씩 저어주며 점도를 맞춥니다.

11
짤주머니에 깍지를 끼워 아래 참고내용와 같이 준비해둡니다.

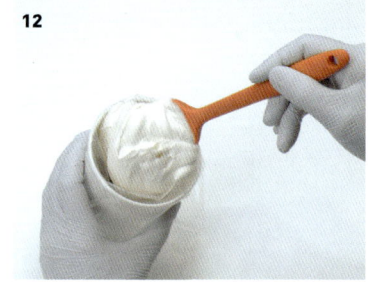
12
비누액이 촉촉한 반죽 상태가 되면 짤주머니에 넣습니다.

tip
- 평소 비누를 만들고 남은 비누액을 버리지 말고 종이컵이나 컵케이크 몰드에 부어 보온을 끝낸 후 모아 두었다가 컵케이크 빵 부분으로 활용해도 됩니다.
- 컵케이크 몰드가 없으면 종이컵에 비누액 용량 55g을 부어서 만들어도 됩니다.
- 크림 부분의 트레이스를 빨리 내기 위해 핸드 블렌더를 사용하면 비누액이 금방 굳어져 크림을 완성할 수 없습니다. 시간이 오래 걸리더라도 트레이스가 서서히 진행되도록 가끔씩 저어주면서 점도를 맞춥니다.

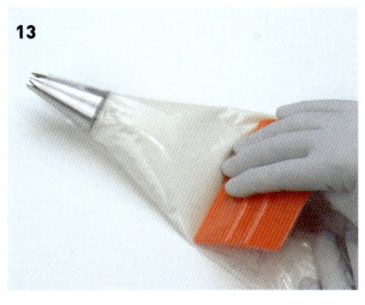

13 스크래퍼로 공기를 빼면서 비누액을 아래쪽으로 모읍니다.

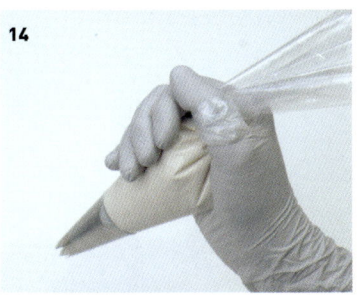

14 짤주머니의 뒷부분은 엄지손가락에 한번 감아 준비합니다.

15 빵 부분의 비누 윗면에 원형을 그리며 비누 크림을 짭니다.

16 여러 깍지를 바꿔가며 과정 15를 반복합니다.

17 데코 비누를 꽂은 후 보온을 시작합니다.

18 보온이 끝난 비누는 4주 이상 충분히 건조기간을 거친 후 사용합니다.

짤주머니에 깍지 끼우기

- 별깍지 : 824
- 오픈 별깍지 : 864
- 작은 원형깍지 : 804, 808
- 큰 원형깍지 : Ø 24MM

1 종이컵, 깍지, 짤주머니, 가위를 준비합니다.

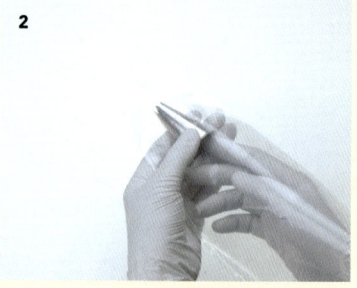

2 짤주머니 안쪽으로 깍지를 넣습니다.

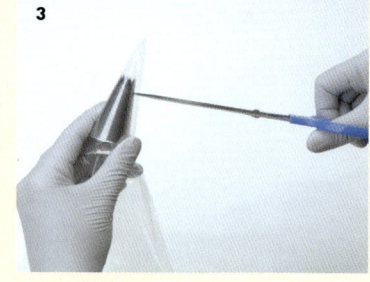

3 깍지의 끝부분에서 1cm 정도 되는 곳을 표시합니다.

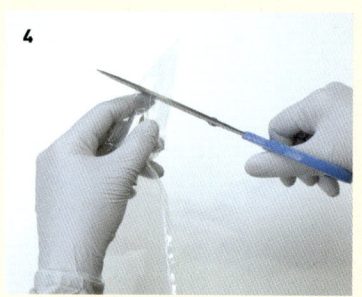

4 표시해둔 곳을 가위로 자릅니다.

5 종이컵 안에 짤주머니를 벌린 후 짤주머니 윗부분은 밖으로 뒤집어 내립니다.

6 깍지 끼운 모습입니다.

부록

천연비누
만들기
심화 이론

분말의 종류와 특성

비누를 만들 때 분말을 첨가하면 비누의 질감과 컬러를 더할 수 있습니다. 정해진 양은 없지만 일반적으로는 비누 총량의 2% 이내로 첨가한다고 알려져 있습니다. 하지만 비누에 컬러를 내기 위해서는 그 이상을 첨가하기도 합니다. 비누에 여러 가지 좋은 성분과 특징을 갖고 있는 분말들을 첨가한다고 해서 비누가 특별한 효능이나 효과가 있는 것은 아닙니다.

천연분말

종류	특징
감초	피부의 트러블을 진정시켜주는 한약재입니다. 피부의 독소와 노폐물을 제거하고, 피지를 조절하여 깨끗하고 건강한 피부로 가꿀 수 있습니다. 거칠고 햇빛에 오랜 시간 노출된 피부에 도움을 줍니다.
노니	다량의 항산화물질이 함유되어 있어 노화 예방, 피부트러블 완화에 좋습니다. 12종의 비타민, 18종의 아미노산, 미네랄 등이 풍부하게 함유되어 있습니다.
녹차	녹차 중의 카테킨 성분이 지친 피부에 수렴 작용과 진정 작용을 하며 피부노화를 방지해줍니다. 자외선에 의한 피부노화 예방에 효과적이며 피부미용에 좋습니다. CP비누에 첨가시 분말의 색상과 비누의 색상이 다른 결과물을 가져오는 분말입니다.
다시마	무기질이 풍부하여 트러블을 예방하며 윤기 있고 탄력 있는 피부로 만들어줍니다. 피부의 잡티나 반점 등을 완화시켜주어 노화나 칙칙한 피부에 도움이 됩니다. 샴푸에 첨가하면 두발 건강에 좋습니다.
몰로키아	폴리페놀 성분과 베타카로틴이 다량 함유되어 있습니다. 클레오파트라가 젊음과 아름다움을 유지하기 위해 즐겨먹었다고 합니다.
백강잠	누에나방의 새끼가 죽은 것을 잘 말려서 선별 가공한 것으로 실크단백질인 세리신과 피브로인이 풍부합니다. 보습 효과가 좋고 피부 당김 증상도 줄여주며 피부를 매끄럽게 합니다.
병풀	사포닌 성분이 상처 부위의 항산화물 농도와 혈액공급을 증가시켜 염증이 있는 조직을 빠르게 회복시킵니다. 지성 피부나 트러블 피부를 위한 비누를 만들 때 주로 이용됩니다.
삼백초	뛰어난 보습 효과로 피부의 수분대사를 활성화시켜줍니다. 피부의 수분이 적절하게 확보되며 윤기 나는 피부로 되살아납니다. 해독 작용이 뛰어나 여드름 피부에 사용하기에 좋습니다.
샌달우드	나무의 심재에서 추출한 분말은 샌달우드(화이트), 나무껍질에서 추출한 분말은 샌달우드(레드)입니다. 피부 트러블을 진정시키는 작용을 하며, 샌달우드의 고유한 향이 은은하게 납니다.
숯	피지 흡착 작용과 탈취 효과로 인해 피부 속의 피지와 노폐물은 깨끗이 씻어내고 모공을 조여줍니다. 활성산소를 억제하여 피부 노화 예방에도 좋습니다. 톤 다운된 컬러의 비누를 만들고 싶을 때 사용합니다.
시나몬	시나몬(계피)나무의 껍질에서 추출되며, 적갈색을 띠며 계피향이 강하게 납니다. 향이 강해 비누를 만들 때에도 다른 분말보다는 소량을 사용하는 것이 좋습니다.

종류	특징
쑥(약쑥)	비타민, 미네랄 등이 풍부하게 함유되어 있어 피부 톤을 개선해주고 피부질환을 진정시켜줍니다. 자극을 줄여주어 가려움증에도 도움이 되며 모든 피부에 적용 가능합니다.
어성초	피를 맑게 해주며 살결 속의 독을 없애주어 여드름이나 트러블 피부에 좋습니다. 보습 작용도 뛰어나 피부를 건강하게 만들어줍니다.
오트밀	민감하고 건조한 피부에 부드럽게 각질을 제거해주고 맑고 투명한 피부로 만들어줍니다. 비타민과 미네랄이 함유되어 있어 피부에 수렴 효과를 주고 피부 탄력을 증가시킵니다. 수분을 끌어당기는 성질이 있어 피부보습에 도움을 줍니다.
진주	피부세포의 재생을 촉진해서 화장이 잘 받게 도와주며 매끄럽고 윤기 있는 피부로 가꾸는 데 도움을 줍니다. 미네랄이 풍부하며 클레오파트라, 양귀비 등이 미용재료로 사용했다고 합니다.
진피	감귤의 껍질을 말린 약재이며 트러블 진정 효과와 보습에 좋은 재료입니다. 리모넨 성분이 피부를 아름답게 해주는 작용을 하며 피부 표면의 수분 증발을 막아주는 엷은 막을 만들어줍니다.
창포	살충 효과와 진정 효과가 있으며 모발을 부드럽게 합니다. 모발에 영양을 주어 윤기가 흐르게 하고 모낭을 건강하게 만들어 모발을 튼튼하게 가꾸는 데 도움을 줍니다.
청대	피부 트러블이나 가려움증을 완화시켜줍니다. 밝은 파란색의 청대 분말은 색소가 첨가된 것이며, 색소가 첨가되지 않은 것은 네이비 컬러의 쪽입니다.
코코아	각종 비타민, 미네랄 성분으로 인해 보습 효과가 뛰어나고 폴리페놀 성분이 피부노화를 방지해줍니다. 브라운 컬러의 비누를 만들고 싶을 때 사용합니다.
클로렐라	녹조류에 속하는 단세포 생물로 플랑크톤의 일종입니다. 각종 비타민과 아미노산, 단백질, 미네랄 등이 풍부하며 피부를 매끄럽고 윤택하게 만들어주는 재료입니다. 특히 피부에 쌓인 독소를 배출하는 기능이 뛰어납니다.
토르말린	피부 노폐물을 제거하고 풍부하게 함유된 미네랄이 생기 있고 매끄러운 피부로 정돈해줍니다. 피부톤 개선과 생기 있는 피부로 만들어줍니다. 그레이 컬러의 비누를 만들고 싶을 때 사용합니다.
파프리카	철분과 베타카로틴 성분이 다른 채소에 비해 많이 함유되어 있습니다. 파프리카의 비타민C는 토마토보다 5배, 레몬보다 2배 높습니다. 피부를 맑고 청결하게 하여 청정함을 유지시켜줍니다.
프랑킨센스	프랑킨센스 레진 파우더는 피부의 노화 예방, 미백, 거친 피부 개선 등의 목적으로 만드는 비누에 적합합니다. 세포의 재생을 촉진시켜 노화된 피부에도 좋습니다.
호박	비타민C가 많고 베타카로틴을 함유하고 있어 피부의 재생을 도우며 피부를 환하게 가꾸어줍니다. 탄력이나 보습, 트러블 완화에도 좋습니다.

클레이

점토, 찰흙이라는 뜻이며 어떠한 화학 처리도 하지 않고 색소나 방부제도 포함하고 있지 않은 천연 그대로의 흙입니다. 클레이에 포함된 미네랄 함유량에 따라 컬러가 다르며 각각 다른 기능과 특성을 갖고 있습니다. 비누 총량의 1% 이내로 사용한다고 알려져 있지만 비누에 컬러를 내기 위해 그 이상을 첨가하기도 합니다.

종류	피부 타입	특징
가솔 클레이	지성 피부 지성 두피	• 고순도의 천연 미네랄이 풍부하게 함유되어 지치고 스트레스에 의한 트러블 등 각종 피부 트러블에 좋습니다. • 거칠어진 피부를 부드럽고 온화하게 하며 미네랄이 피부를 매끄럽고 촉촉하고 건강하게 합니다.
그린 클레이	지성 피부 여드름 피부	• 클레이 중 흡수력이 가장 좋고 피부노폐물과 독소배출에 효과적입니다. • 유분 밸런스를 맞추어 피부를 깨끗하게 합니다.
레드 클레이	모든 피부 건성 피부	• 철산화물이 풍부하여 특히나 모세혈관이 파괴된 피부에 좋습니다. • 비누에 너무 많은 양을 넣으면 철산화물 때문에 더 자극적일 수도 있으니 주의가 필요합니다.
로즈 클레이	지성 피부 트러블성 피부	• 피부를 진정시키고 민감한 피부 개선에 도움을 줍니다. • 미네랄이 풍부하여 피부 회복에 좋습니다. • 피부 흡착력이 뛰어나 팩을 만들 때 많이 사용합니다.
벤토나이트 클레이	지성 피부 트러블성 피부	• 화산재와 몬모릴로나이드(montmorillonite)의 화합물로, 60여 가지 미네랄이 들어 있어 피부에 영양을 공급합니다. • 뛰어난 흡착력으로 모공 깊숙이 스며들어 노폐물, 화장잔여물, 과잉피지 제거, 제어 작용을 하여 여드름 및 잡티 제거에 좋습니다. • 때를 빼고 피부를 부드럽게 하여 면도용 비누에 넣어 사용하면 좋습니다.
옐로 클레이	모든 피부 건성 피부	• 활력이 없는 피부나 노화 피부에 좋습니다.
카올린 클레이	지성 피부 트러블성 피부	• 피부 흡착력이 뛰어나 모공의 더러움을 끌어당기고 진정 효과가 있어 팩을 만들 때 많이 사용합니다.
핑크 클레이	모든 피부 민감 피부	• 피부를 정화하여 피부톤을 밝게 해주며 보습에 좋습니다.
화이트 클레이	모든 피부 민감 피부	• 입자가 매우 고우며, 피부를 진정시키고 부드럽게 합니다. • 피부가 연약한 유아가 사용해도 안전한 클레이로 바디파우더나, 베이비파우더로 활용됩니다.

분말과 오일의 희석비율

비누액에 분말을 첨가할 때 분말 형태 그대로 첨가하면 덩어리가 생기거나 뭉칠 수 있습니다. 비누액에 첨가하기 전, 오일에 미리 풀어둔 후 원하는 만큼 넣어 사용하면 깔끔한 비누를 완성할 수 있습니다. 오일은 올리브, 해바라기씨 등 원하는 오일을 사용합니다. 표에 나열되어 있지 않은 분말은 오일과 1:1로 섞어본 후 잘 섞이지 않는다면 부드럽게 풀어질 때까지 오일을 소량씩 첨가하며 저어봅니다.

구분	분말의 종류	비율 분말	비율 오일
천연분말	꼭두서니 추출물	2	3
	레드샌달우드	2	5
	모링가	2	3
	몰로키아	2	3
	브러드레드	2	3
	샌달우드	1	2
	숯	2	3
	쑥	1	2
	알카넷	2	3
	어성초	1	2
	진주	1	1
	차가버섯	2	5
	천연발효쪽	1	1
	청대	1	1
	칼라민	1	2
	코코아	1	1
	토르말린	3	2
	파프리카 추출물	3	2
	헤나	1	1
	호박	1	1
	황토	3	2

구분	분말의 종류	비율 분말	비율 오일
클레이	가슬 클레이	1	1
	그린 클레이	2	3
	레드 클레이	1	1
	로즈 클레이	2	3
	벤토나이트 클레이	1	1
	옐로 클레이	2	1
	카올린 클레이	1	1
	핑크 클레이	1	1
	화이트 클레이	1	1

색소

비누에 디자인적인 요소를 더하기 위해 사용합니다. 비누에 주로 사용하는 색소는 식용색소, 옥사이드, 마이카 등이 있습니다.

- 식용색소 : 식용으로 판매되는 색소로 액체나 젤리 형태입니다. 고농축 분말 형태의 색소는 글리세린과 정제수에 희석하여 사용합니다. 식용색소는 색 바램이 있는 편입니다. 주로 MP비누 만들기에 사용합니다.

- 옥사이드 : 옥사이드는 오일에 녹지 않는 재료입니다. MP비누에 사용하려면 정제수에 풀어놓은 후 소량씩 첨가합니다. CP비누에 사용하기 위해서는 옥사이드와 베이스 오일을 혼합하여 액상 타입으로 만들어 편리하게 사용할 수 있습니다. 베이스 오일은 점도가 높은 오일보다는 점도가 낮으며 컬러가 연한 오일을 사용하는 것을 추천합니다. 이렇게 오일에 분산시켜놓은 옥사이드는 디자인 비누를 만들 때 원하는 시점에 자유롭게 첨가할 수 있어서 아주 편리합니다. 옥사이드는 화이트 컬러의 티타늄디옥사이드를 포함하여 총 9가지 컬러가 있으며, 그 외의 컬러는 조색과정을 통해 여러 가지 컬러로 표현할 수 있습니다.

- 마이카 : 약간의 펄감과 함께 옥사이드로 표현하기 힘든 다양하고 밝은 컬러의 비누를 만들 수 있습니다. MP비누에도 펄감을 주기 위해 사용하며 CP비누의 경우 트레이스가 난 상태의 비누액에도 잘 풀어지지만 소량의 베이스 오일이나 소량의 비누액에 미리 풀어놓은 후 원하는 양만큼 첨가하여 사용하면 더 편리합니다. 수많은 컬러가 있지만 기본 컬러만으로도 충분하며 마이카 역시 조색과정을 통해 여러 가지 컬러를 표현할 수 있습니다. 비누용 액상 옥사이드와 마이카는 천연재료 쇼핑몰 버블뱅크(http://www.bubblebank.net)에서 구입할 수 있습니다.

드라이 허브, 솔트

- 드라이 허브 : 비누 윗면에 장식을 할 때 사용하거나 인퓨즈드하여 비누 만들 때 첨가합니다. 아나토시드 인퓨즈드 오일 만드는 방법은 86쪽에 있습니다.

- 솔트 : 솔트가 첨가된 비누는 습기에 주의하여야 하며 비누 만들 때 솔트를 파우더 형태로 분쇄하여 첨가하면 좀 더 부드러운 느낌으로 사용할 수 있습니다.

요오드값(아이오딘값)

유지를 구성하는 지방산에 함유된 이중결합의 수를 나타내는 수치로 유지 100g에 흡수되는 요오드의 g수입니다. 요오드값(Iodine)은 유지 중의 불포화지방산의 이중결합의 수를 나타내는 수치로 요오드값이 높은 것은 이중결합이 많은 것을 의미합니다.

요오드값이 높은 오일은 융점이 낮고, 이중결합이 많기 때문에 반응성이 풍부하고, 산화되기 쉽습니다. 반대로 요오드값이 낮은 오일은 융점이 높고, 산화 안정성이 좋습니다. 유지를 고온에서 장시간 가열하거나 자동산화가 진행되면 불포화지방산이 분해되므로 요오드값은 낮아집니다.

구분	오일	요오드값	구분	오일	요오드값
불건성유 (요소가 100 이하)	코코넛	10	반건성유 (요소가 100~130)	미강	100
	코코아버터	37		살구씨	100
	팜	53		녹차씨	102
	캐롯시드	56		코튼시드	108
	라드	57		블랙세서미	110
	시어버터	59		카놀라	110
	님	72		옥수수배아	117
	월계수	74		윗점	128
	마카다미아 너트	76	건성유 (요소가 130 이상)	콩	131
	동백	78		포도씨	131
	올리브	85		해바라기씨	133
	아보카도	86		월넛	145
	피마자	86		홍화씨	145
	헤이즐넛	97		달맞이꽃	160
	스위트아몬드	99		햄프시드	165

※요오드값과 구분은 약간의 수치 차이가 있습니다.

지방산

비누를 만들 때에는 유지를 사용합니다. 상온에서 액체인 것을 '지방 유(油)', 고체인 것을 '지방 지(脂)'라고 합니다. 즉 포화지방산은 지방이라고 하며 불포화지방산은 오일이라고 합니다. 포화지방산은 온도가 낮은 곳에서는 고체 형태이고 불포화지방산은 액체 상태입니다. 다만 포화지방산은 여름철에는 액체로 녹아 있는 상태일 수 있습니다.

오일에 함유된 지방산의 종류에 따라 비누의 거품이나 세정력, 단단함, 보습력 등이 달라집니다. 각 베이스 오일의 특성과 지방산 함량을 확인하고 적절한 오일을 선택하면 피부 타입에 걸맞는 천연비누를 만들 수 있습니다.

지방산의 종류

- **포화지방산:** 포화지방산은 불포화지방산에 비해 융점이 높고, 반응성이 낮으며 산화가 쉽게 되지 않아 산화 안정성이 좋습니다. 이렇게 안정성이 좋은 구조로 되어 있어서 온도가 떨어지면 고체 상태가 되는 성질을 갖고 있습니다. 비누를 만들 때 포화지방산 함량이 높으면 비누가 단단하고 거품이 많이 발생합니다. 코코넛 오일, 팜 오일, 동물성 지방 등의 오일이 해당됩니다. 대표적인 포화지방산으로는 라우르산(Lauric Acid), 미리스트산(Myristic Acid), 팔미트산(Palmitic Acid), 스테아르산(Stearic Acid)이 있습니다. 포화지방산의 비율이 높은 비누일수록 비누도 안정적인 구조로 유통기한 및 사용기한이 깁니다.

- **불포화지방산:** 불포화지방산은 포화지방산에 비해 녹는점이 낮으며 액체 상태입니다. 포화지방산과는 달리 산화 안정성이 떨어져 산패가 빠릅니다. 거품은 조밀하지만 약한 편이고 비누에 불포화지방산이 많이 포함되면 비누가 무른 편입니다. 대표적인 오일로는 올리브 오일, 동백 오일, 해바라기씨 오일 등 식물성 오일이 해당됩니다. 특히 올리브 오일이나 동백 오일은 불포화지방산의 비율이 높아 보습에 좋은 비누를 만들 때 많이 사용됩니다. 대표적인 불포화지방산으로는 리시놀레산(Ricinoleic Acid), 올레산(Oleic Acid), 리놀레산(Linoleic Acid), 리놀레인산(Linolenic Acid)이 있습니다. 불포화지방산의 비율이 높은 비누일수록 비누의 유통기한 및 사용기한이 짧아질 수 있습니다.

지방산의 종류에 따른 비누의 특징

지방산의 종류		단단함	세정력	부드러움	안정적인 거품	풍부한 거품
포화지방산	라우르산	O	O	-	-	O
	미리스트산	O	O	-	-	O
	팔미트산	O	-	-	O	-
	스테아르산	O	-	-	O	-
불포화지방산	리시놀레산	-	-	O	O	O
	올레산	-	-	O	-	-
	리놀레산	-	-	O	-	-
	리놀레인산	-	-	O	-	-

지방산의 특징

지방산의 종류		특징
포화지방산	라우르산	• 거품을 내는 성질이 있어 비누, 세제, 계면활성제 등을 만드는 베이스로 널리 사용됩니다. • 코코넛 밀크, 코코넛 오일, 월계수 오일, 팜 커넬에서 지방산 함량의 약 절반을 차지합니다. • 사람의 모유(전체 지방의 6.2%), 우유(2.9%), 산양유(3.1%)에서도 발견됩니다.
	미리스트산	• 풍부한 거품을 내며 클렌징 효과가 뛰어납니다. • 보리지 오일, 코코넛 오일, 팜 커넬 등에 많이 들어 있으며 비누의 경도를 높여줍니다.
	팔미트산	• 스테아르산, 올레산과 함께 대표적인 지방산으로 동식물 안에 널리 분포되어 있습니다. • 거품을 안정적이고 풍부하게 만들며 비누의 단단함에도 영향을 줍니다.
	스테아르산	• 비누의 단단함에 영향을 주며 버터류에 함유되어 있습니다. • 상온에서 고체인 지방에 특히 함유량이 많고 액체 상태인 식물유에는 비교적 적습니다.
불포화지방산	리시놀레산	• 안정적이고 풍부한 거품을 내고 보습을 높여줍니다. • 대표적인 오일로는 피마자 오일이 있습니다.
	올레산	• 비누나 화장품에 함유된 영양성분의 피부 침투력을 향상시키며 비누 거품이 안정적인 편입니다. • 식물성 오일뿐만 아니라 소, 돼지와 같은 동물의 유지에도 함유되어 있습니다.
	리놀레산	• 피부가 거칠고 건조해지는 것을 막고 비누의 피부 보습력을 높여줍니다. • 콩 오일, 해바라기씨 오일, 햄프시드 오일 등 식물성 오일에 많이 함유되어 있습니다. • 비누에 높은 비율로 첨가될 경우 여름철에 비누가 쉽게 끈적끈적해질 수 있습니다.
	리놀레인산	• 리놀레산과 성질이 비슷하며 식물성 기름에 많이 함유된 성분입니다. • 감마리놀렌산과 알파리놀렌산이 잘 알려져 있습니다.

포화지방산 함량별 정제수 비율

비누는 포화지방산의 비율에 따라 단단함이 달라집니다. 포화지방산 함량이 낮은 레시피로 만든 비누는 쉽게 물러지는 비누로 완성됩니다. 반대로 포화지방산 함량이 높은 레시피로 만든 비누는 단단하게 됩니다.

비누의 경도는 정제수의 양과 가성소다의 디스카운트의 값으로 조절할 필요가 있습니다. 비누가 쉽게 물러지는 레시피는 정제수 첨가비율을 낮추면 단단함을 보완할 수 있습니다. 또한 지나치게 단단한 비누로 완성되는 레시피는 정제수 첨가비율을 늘리는 동시에 가성소다의 양을 디스카운트하면 보온이 끝난 비누를 손쉽게 커팅할 수 있습니다.

포화지방산의 비율에 따라 정제수 양을 조절하면 좀 더 깔끔한 비누를 만드는 데 도움이 됩니다. 완성된 비누를 커팅해보면 알 수 있듯이 비누 건조가 빠르게 시작되어 비누의 매트함을 금방 느낄 수 있습니다.

■ 추천 정제수 비율

전체 베이스 오일 양 대비		대표적인 비누	가성소다 디스카운트(%)
포화지방산 함량(%)	정제수 첨가비율(%)		
76~80.9	41~42	버진 코코넛 100%	-6
71~75.9	39~40		-5
66~70.9	37~38		-4
61~65.9	35~36		-3
56~60.9	33~34		-2
51~55.9	31~32		-1
46~50.9	30	팜 100%	
41~45.9	29		
36~40.9	28		
31~35.9	27		
26~30.9	26	마르세유(72%)	없음
21~25.9	25		
16~20.9	24		
11~15.9	23	카스틸(100%)	
6~10.9	22		

※오랜 시간 많은 실습을 통해 얻은 결과값으로 절대적인 값은 아닙니다.

베이스 오일별 지방산 구성 비율(%)

베이스 오일	포화지방산				불포화지방산				기타지방산
	라우르산	미리스트산	팔미트산	스테아르산	리시놀레산	올레산	리놀레산	리놀렌산	기타
	c12:0	c14:0	c16:0	c18:0	c18:1	c18:1	c18:2	c18:3	
코코넛	48	19	9	3	0	8	2	0	11
팜	0	1	44	5	0	39	10	0	1
녹차씨	0	0	8	2	0	71	10	0	9
님	0	2	21	16	0	46	12	0	3
달맞이꽃	0	0	0	0	0	0	80	9	11
동백	0	0	9	2	0	77	8	0	4
라드	0	1	28	13	0	46	6	0	6
마카다미아 너트	0	0	9	5	0	59	2	0	25
미강	0	1	22	3	0	38	34	2	0
블랙세서미	0	0	9	5	0	40	43	1	2
살구씨	0	0	6	0	0	66	27	0	1
스위트아몬드	0	0	7	0	0	71	18	0	4
시어버터	0	0	5	40	0	48	6	0	1
아보카도	0	0	20	2	0	58	12	0	8
옥수수배아	0	0	12	2	0	32	51	1	2
올리브	0	0	14	3	0	69	12	1	1
월계수	25	1	15	1	0	31	26	1	0
월넛	0	0	7	2	0	18	60	0	13
윗점	0	0	17	2	0	17	58	0	6
카놀라	0	0	4	2	0	61	21	9	3
캐롯시드	0	0	4	0	0	80	13	0	3
코코아버터	0	0	28	33	0	35	3	0	1
코튼시드	0	0	13	13	0	18	52	1	3
콩	0	0	11	5	0	24	50	8	2
포도씨	0	0	8	4	0	20	68	0	0
피마자	0	0	0	0	90	4	4	0	2
해바라기씨	0	0	7	4	0	16	70	1	2
햄프시드	0	0	6	2	0	12	57	21	2
헤이즐넛	0	0	5	3	0	75	10	0	7
홍화씨	0	0	7	0	0	15	75	0	3

에센셜 오일의 종류와 특징

에센셜 오일은 식물의 잎이나 꽃등에서 추출한 오일로 가장 순수한 오일입니다. 농축된 식물 성분이므로 정량을 사용해야 합니다. 비누에 향기를 더할 수 있으며 각각의 에센셜 오일 특성에 따라 효과도 기대할 수 있습니다.
1가지를 사용하는 것보다 조화롭게 블렌딩해서 사용하면 시너지 효과가 더욱 높아집니다. 너무 많은 종류의 에센셜 오일을 블렌딩하거나 고가의 에센셜 오일을 첨가하는 것은 추천하지 않습니다.

종류	특징
그레이프프루트	• 자몽의 껍질에서 추출한 오일이며 감미롭고 부드럽고 상쾌한 향입니다. • 중추신경을 안정시키며 혈액 순환과 다이어트, 지방분해에 도움을 줍니다. • 강장, 살균, 소독 작용과 이뇨 작용, 항우울 작용을 하며 여드름, 지성 피부에 좋습니다.
라벤더	• 꽃과 잎에서 추출하며 우아하고 깨끗한 향입니다. • 아로마테라피에서 가장 폭넓게 쓰이는 오일로 피부에 직접 바를 수 있는 것이 특징입니다. • 긴장이나 노여운 감정을 풀어 기분을 차분하게 해주고 컨디션 회복에 효과적입니다. • 화상과 염증에 좋고 살균 효과, 흉터 제거에도 좋습니다.
레몬	• 레몬의 껍질에서 추출한 오일이며 레몬 특유의 상쾌하고 산뜻한 향입니다. • 진정 작용을 하며 기분을 밝게 바꿔주고 고혈압과 빈혈에 효과적입니다. • 기름진 피부나 상처난 피부, 건조성 피부염에 뛰어난 효과를 발휘합니다.
레몬그라스	• 식물 전체부분에서 추출한 오일이며 레몬처럼 싱그러운 향입니다. • 지친 마음, 우울한 기분에 자극을 주어 생기를 부여하고 정신적으로 피로할 때 효과가 좋습니다. • 강장, 구풍, 살균, 소화 촉진, 이뇨, 항우울증에 많이 쓰이며, 모공 축소에도 도움이 됩니다.
로즈마리	• 꽃과 잎에서 추출하며 첫 향은 다소 강하지만 상쾌하고 깨끗합니다. • 기억력과 집중력을 높이고 머리를 맑게 하고 피부청결 유지에도 도움을 줍니다. • 두피 및 모발 성장촉진에도 좋습니다.
로즈우드	• 줄기 부분에서 추출하며 부드럽고 우아한 플로럴 향입니다. • 만성적인 질환에 중요한 치료제로 쓰이며 면역 체계에 원기를 불어 넣고 우울증과 피로감을 덜어줍니다. • 강장, 살균, 살충, 항우울증, 노화 피부 개선에 뛰어난 효과가 있습니다.
만다린	• 귤의 껍질에서 추출한 오일이며 달콤하고 부드러운 향입니다. • 마음을 밝게 해주고 우울증이나 불안한 마음을 차분히 가라앉힙니다. • 강장, 소화 촉진, 진정, 피부 연화 및 피부에 활력을 주는 효과가 있습니다.
버가못	• 과일의 껍질에서 추출한 오일이며 상쾌하고 시원하며 감미로운 향입니다. • 불안, 우울, 의기소침한 마음을 밝게 하고 여드름, 지루성 피부에 좋습니다. • 비뇨기 계통 질병에 살균 효과가 뛰어나고, 방광염에도 효과적입니다.
사이프러스	• 열매에서 추출한 오일이며 솔향기처럼 상쾌한 향입니다. • 진정 작용을 하며 정맥 질환과 치질에 효과적이고 간장을 튼튼하게 하여 혈액을 조성해줍니다. • 순환기 계통의 유행성 감기, 기관지염, 백일해, 천식 등에 유익하고 지성 피부에 많이 쓰입니다.
스위트오렌지	• 오렌지 껍질에서 추출한 오일이며 싱그러운 감귤계의 향입니다. • 피로와 긴장을 해소시켜 맑고 상쾌한 기분으로 바꿔줍니다. • 피부의 독소를 제거하며 건조한 피부, 주름, 피부염을 개선하는 효과가 있습니다.

종류	특징
시더우드	• 나무에서 추출하며 샌달우드와 비슷한 오리엔탈 향입니다. • 진정, 완화, 거담 작용을 하며 신체의 균형을 유지하도록 돕습니다. • 수렴, 살균 효과가 뛰어나 지성 피부에 사용하면 여드름 등의 트러블을 완화시킵니다.
유칼립투스	• 잎에서 추출한 오일이며 예리하며 상쾌한 향입니다. • 머리를 맑게 하고, 호흡기 기능을 강화시켜주며 지성 피부에도 좋습니다. • 항바이러스 작용을 하며 유행성 감기, 인후 감염증, 기침, 카타르 증상, 부비강염, 천식에 좋습니다.
일랑일랑	• 꽃에서 추출한 오일이며 관능적이고 에로틱한 향입니다. • 노여움, 불안, 충격, 공포 등의 감정을 완화시킵니다. • 피지 조절을 하여 건성 피부와 지성 피부에 좋습니다. • 많이 사용하면 두통을 유발할 수 있으므로 용량에 주의하여 사용합니다.
제라늄	• 식물 전체에서 추출한 오일이며 매혹적이고 우아한 플로럴 향입니다. • 마음을 조화롭게 해주고 이뇨 작용이 뛰어나 노폐물을 배출시킵니다. • 수렴 작용을 하며 여드름피부에 도움을 주며 피부청결유지에 좋습니다.
클라리세이지	• 꽃과 잎에서 추출한 오일이며 향긋하고 감미로운 향입니다. • 기분이 가라앉아 있을 때 사용하면 기분을 밝게 합니다. • 기름기 많은 모발에도 좋으며 특히 여성에게 유용한 오일로 건성 피부에 좋습니다.
티트리	• 잎에서 추출하며 상쾌하고 시원한 향입니다. • 면역 체계를 활성화시켜 전염성 질병을 퇴치하는 데 효과적입니다. • 백혈구를 활성화시키며 항균, 항진균 효과가 있어 여드름 피부에 좋으며 유행성 감기, 헤르페스, 카타르와 선열, 치은염에도 효과가 있습니다.
파인	• 잎, 가지, 솔방울에서 추출한 오일이며 신선하고 강한 소나무 향입니다. • 심신을 자극하여 활기를 주며 정신을 상쾌하게 하고 면역 체계 강화를 돕습니다. • 항바이러스, 항균 작용과 순환을 촉진합니다. 민감성 피부에는 추천하지 않습니다.
팔마로사	• 잎에서 추출한 오일이며 약간의 장미 향이 섞인 달콤한 향입니다. • 진정 작용을 하며 기분을 밝게 합니다. • 소화기계를 강하게 만들어 주고 식욕을 돋우며, 장내 세균증의 유해균을 억제합니다. • 피지 분비를 촉진시키므로 건성 피부에 좋습니다.
파출리	• 식물 전체에서 추출한 오일이며 달콤하고 신비로운 느낌의 오리엔탈 향입니다. • 무기력증을 없애주고 기분 전환에 도움이 되고 식욕을 억제하는 작용을 합니다. • 여드름, 피부염, 두피 비듬제거, 셀룰라이트에 좋으며 향이 강하므로 소량만 사용하도록 합니다.
페퍼민트	• 식물 전체에서 추출한 오일이며 민트 특유의 상쾌하고 시원한 향입니다. • 정신적 피로와 우울증에 탁월한 효과가 있습니다. • 천식, 기관지염, 콜레라, 폐렴, 폐결핵 등에도 효과적으로 작용합니다. • 가려움, 염증 제거에 좋습니다.
프랑킨센스	• 나무의 수액을 굳혀 추출한 오일이며 숲속에 들어온 듯 그윽한 그린 향입니다. • 편안함과 행복감을 느끼게 하여 심리적인 불안감이나 강박관념을 해소시키며, 폐 기능을 강화시키므로 숨이 가쁜 증상과 천식에 좋습니다. • 노화 피부, 지성 피부에 좋습니다.

에센셜 오일 블렌딩

비누를 만들 때 에센셜 오일을 첨가하면 비누에 향기를 부여할 수 있습니다. 1가지 향을 단독으로 사용하는 것보다 3~5종류의 에센셜 오일을 조화롭게 블렌딩하여 사용하면 좀 더 폭넓게 여러 가지 향을 느낄 수 있습니다.
은은한 향을 원하면 비누 총량의 2%, 진한 향을 원한다면 비누 총량의 3% 정도가 적당합니다. 핸드 블렌더를 사용하기 전에 첨가하면 에센셜 오일의 종류에 따라 트레이스에 영향을 줄 수 있으므로 교반 작업을 완벽히 끝낸 후에 첨가합니다.
에센셜 오일은 사용하기 전에 일주일 정도 미리 블렌딩해두면 향이 더 풍부하고 서로 잘 어우러집니다.

■ 플로럴 계열

블렌딩 예1

오일명	비율
라벤더	30%
로즈우드	20%
로즈제라늄	20%
팔마로사	30%

블렌딩 예2

오일명	비율
라벤더	20%
스위트오렌지	50%
팔마로사	30%

블렌딩 예3

오일명	비율
라벤더	50%
로즈우드	20%
페퍼민트	30%

■ 시트러스 계열

블렌딩 예1

오일명	비율
라벤더	40%
버가못	20%
스위트오렌지	20%
프랑킨센스	20%

블렌딩 예2

오일명	비율
그레이프프루트	60%
로즈마리	30%
파출리	10%

블렌딩 예3

오일명	비율
라벤더	30%
버가못	40%
클라리세이지	30%

■ 민트 계열

블렌딩 예1

오일명	비율
레몬	30%
로즈마리	10%
블랙페퍼	20%
스피아민트	40%

블렌딩 예2

오일명	비율
쥬니퍼베리	30%
파인	30%
페퍼민트	40%

블렌딩 예3

오일명	비율
그레이프프루트	50%
로즈마리	20%
유칼립투스	30%

■ 허브 계열

블렌딩 예1

오일명	비율
라벤더	20%
레몬	30%
유칼립투스	30%
파인	20%

블렌딩 예2

오일명	비율
라벤더	40%
제라늄	30%
클라리세이지	30%

블렌딩 예3

오일명	비율
로즈마리	40%
유칼립투스	20%
페퍼민트	40%

■ 스파이시 계열

블렌딩 예1

오일명	비율
라벤더	20%
스위트오렌지	20%
유칼립투스	20%
진저	20%
페퍼민트	20%

블렌딩 예2

오일명	비율
로즈마리	30%
쥬니퍼베리	20%
진저	20%
페퍼민트	30%

블렌딩 예3

오일명	비율
블랙페퍼	30%
스위트오렌지	50%
파출리	20%

■ 우드 계열

블렌딩 예1

오일명	비율
로즈마리	20%
시나몬바크	20%
시더우드	30%
일랑일랑	20%
파출리	10%

블렌딩 예2

오일명	비율
라벤더	30%
버가못	20%
시더우드	40%
티트리	10%

블렌딩 예3

오일명	비율
로즈우드	30%
팔마로사	30%
페티그레인	40%

■ 수지 계열

블렌딩 예1

오일명	비율
라벤더	30%
레몬	20%
프랑킨센스	50%

블렌딩 예2

오일명	비율
로즈마리	30%
스피아민트	30%
프랑킨센스	40%

블렌딩 예3

오일명	비율
라벤더	30%
스위트오렌지	40%
프랑킨센스	30%